世界の思想書50冊から身近な疑問を解決する方法を探してみた

北畑淳也著
Junya Kitahata

Forest
2545
Shinsyo

まえがき　社会からの逸脱を感じたときに

「思想」

この言葉を聞いたときにあなたは何をイメージするでしょうか。ある人は、次から次へと髭もじゃのおじさんを思い浮かべるかもしれません。またある人は、自らのうちに思想を抱くこと自体を、極めて危険なことだと考えるかもしれません。

しかし、「思想」とはこのように日常とは縁遠いものや危険なものではありません。

なぜならば、我々が常日頃当たり前のように考えていることのすべてが、何らかの「思想」の影響下にあるからです。

このことについては、大きく2つの角度から述べることができます。

1つは我々が行動するにあたり判断の拠り所とするものとしてです。たとえば、「お金がたくさん欲しい」「結婚したい」「転職をしたい」など、ありきたりな願望を持つことが誰にでもあるかと思います。それらは、空っぽの心の中から錬金術のようにもくもくと湧いてきたものでしょうか。おそらくそうではなく、社会で暮らす中で、それを「良い」とする「思想」があったからでしょう。

2つ目は、世界における現象理解のために使用するものとしてです。たとえば「資本主義」という言葉があります。この言葉は我々日本人にとってその世界で生きていると自己認識する概念ですが、少なからず過去の誰かの影響を受けています。たとえば本を読んだことがなくても、アダム・スミスやカール・マルクスの影響は避けられません。

それを裏付けるものとして、かれらの思想を読むと、「それほど目新しいことをいっていない」という感覚を覚えます。その理由は、かれらが凡庸だったからではなく、それらを「当たり前のこと」と考えるほどに、かれらの思想が我々の根底にあるからです。このことは「保守」や「リベラル」などの政治思想の領域においても同じことがいえます。

いずれにしても、我々は生まれてから「思想」を紡ぐ行為の繰り返しの中を生きているということです。

本書は「思想」というものが、実は極めて身近なものだと感じてもらうことを目的としています。それを「名著」と呼ばれる書物を起点として実証してみようというのが、これから行うことです。

取り上げた書籍の中には一見、あなたにとって無関係に思えるものもあるかもしれません。しかし、読み進めていただければ、遠くにあるように見える思想も、むしろ我々の思考をより深いレベルで縛っていることを理解できます。

思想と哲学は何が違うのか？

本書のタイトルは「思想書」と銘打っていますが、おそらく「哲学書とどこが違うの？」という疑問を持つ方がいることでしょう。

もちろん厳密な定義というのはありません。しかし、あるものを「哲学」ではなく「思想」と呼ぶとき、無意識にある1つのことが念頭に浮かぶと私は考えています。

それは「哲学」が物事の根本原理を探求するものだとしたら、「思想」は「現実において具体的にどうなるか」を突き詰めて考えるものだということです。例を挙げるならば、「神はいるのか？」「善とは何か？」といったものを徹底的に探求する内向きの思考が哲学だとしたら、どのように考えて行動すれば理想の人生を歩めるか、理想の社会を築けるか、という外向きの思考が思想ということです。

どちらかというと私は、「現実においてどう考えるべきか」「どう行動すべきか」を考えるのが好きなので、「思想」という言葉に愛着を持っています。

それゆえに、本書に挙げている書籍の中には一般的には哲学書と呼ばれるものも含まれます。しかし、それらもあくまで「現実においてどうするか」という「思想」の切り口で解説しています。

もちろん、哲学という営みについても、生き方の指針を教えるものもあり、人生や社会の価値判断を考える上で重要なのですが、複雑化した世界や生き方が問われることが顕著な時代にあっては、「思想」のほうがより求められている気がするのです。

哲学書や思想書を読んでも意味はないのか?

哲学書と思想書、いずれにしても読む人は限られます。多くの人が、そんなものを読んだところで、「役に立たない」「意味がない」と考えているからではないでしょうか。

さて、ここで考えていただきたいのは、この「役に立たない」や「意味がない」という言葉が、どのような観点で述べられているのかということです。おそらくは、「金が儲かるかどうか」という功利主義のカテゴリーにおいてではないかと思います。

確かに、功利主義に依拠した物事の価値判断は、多くの人のコンセンサスを得られる見解でしょうし、非常に深く浸透しています。

しかし、「役に立たない」ものや「目的がない」ものにこそ、我々の人生に「意味」を与えてくれる可能性があることに気づく必要があります。

小説やアニメ、映画といったエンタテインメントを見ることも、歴史を学ぶことも、絵画に触れることも、歌舞伎や浄瑠璃、能といった伝統芸能に触れることも、一般人にとっては何の役にも立たない、金にならない無駄なものか、考えてみてください。そうではないでしょう。「意味」はあります。

もちろん、個人レベルで考えれば、それぞれの分野を深く追究することで、職業として成り立つレベルの専門家になり、稼ぐことができる人もいるでしょう。また最近では、ビジネスパーソン向けに歴史や芸術について解説する本もあります。社会的なアッパー層や海外の取引先の要人との雑談で、そうした知識を利用できるといったメリットが記されたりしています。

ただし、繰り返しの問いかけになりますが、そうしたメリットさえも度外視した行動は意味がないのでしょうか。「明日の仕事で活きる」とか「起業するために役立てよう」とかだけを考えることが、「正しい生き方」ではないと私は考えます。むしろ、「役に立つ」「稼ぐため」という思考自体が、非常に貧困ではないか、とも感じるのです。

役に立たないものを学ぶ贅沢

ソースティン・ヴェブレンの『有閑階級の理論』という名著があります。有閑階級とは「閑が有る」と読んで字のごとく、かつてヨーロッパで生活のために働く必要がない階級を意味しました。

試しに英米文学のいくつかを手に取ってみてください。「お前らいつ働いてんの?」と突っ込みたくなるほど、かれらは働きません。なぜなら、「働いたら負け」だからです。かれらにとっては、働くことは「多くの財を所有していない」ことを示す行為であり、それは自らの名誉を傷つけるものとされたのです。そして、「どれほど多くの財を所有しているのか」という基準を超えて、いかに無駄なことに大金を投入して自分の名声を高められるかという争いが生まれたそうです。つまり、彼らにとっては、「役立つ」とか「稼ぐ」といった価値観は貧困の象徴なのです。

しかし、そうした価値観は、有閑階級だけの特権ではありません。むしろ、一般人だからこそ、無駄なことにお金だけではなく時間を使うというのは、有閑階級以上に、とんでもなく贅沢な試みとなるのです。

それでもなお、即物的な何かが得られることを期待している人にとっては、贅沢だからといって得られるものがなければ意味がないと思うでしょう。しかし、私はそうした役に立たない贅沢な行為――哲学書や思想書を読むことこそ、何らかの形で人生を豊かにしてくれると考えています。

非常に教条的かつ抽象的に感じるかもしれません。しかし、「哲学や思想の知識を得られれば、知的マウンティングで有利に立てる」といったメリットを語るのは、「教養」を矮小化した、あまりにもセコくて貧困な発想だと思うのです。

長くなってしまいましたが、ここでお伝えしたいのは、哲学書や思想書を役に立つ（稼げる）とか立たない（稼げない）という判断基準で考えるのは、非常にもったいないということです。

「即効性」を求めることが近道なのか

最近では「読書」というと、何か即効性のあるテクニックを知ることだとするトレンドがあります。

たとえば、「ビジネス書」と呼ばれるものがまさにそれで、「成功者になるには……」「仕事ができる男になるには……」といったような、聞くだけで虫唾《むしず》が走るような枕詞とともに「スーツは〇〇を着ろ」「飲み会は1次会までにしろ」「出社1時間前にはカフェで朝活をしろ」などと、いい年をした大人が日常のすべてを事細かに指示される本を好むのです。

本来は「うるせえな。何でお前に他人の人生のことを事細かに指示されないといけないんだよ」と怒りを持つべきなのに。

そもそも、こういった書籍に出てくるような「成功者」なる人がすすめるテクニックや行動が、あなたの人生に当てはまるのでしょうか。そして百歩譲ってその通りにやれば成功できるとして、その人物とまったく同じ生活をする人生が楽しいのでしょうか。

ここまでで大半のビジネスパーソンを敵にしたことは間違いありません。ただし、これはあくまで私の主観ですが、多くの人は自ら固有の（ユニークな）人生を歩めたときに、その人生を良いものだったと考えるはずです。逆に、成功者なる人が歩いてきた道をただ機械のようになぞることが「成功」だとは、私は思いません。

自分の人生を自分らしく生きるためには、自ら思考し、選択し、判断する必要があります。

そのサイクルを上手くこなすためには「思想」が大いに必要なのです。もちろん、「思想」は、自分が「良い」と考えていたことを、時には「悪い」と断言するものでもあり、我々を苦しめることもあります。

しかし、人生全体を俯瞰したときに、より多くの「思想」に触れていたことを後悔することはないでしょう。

本書が提供できること

そうはいっても「思想」が書かれた本というのは簡単なものではありません。

たとえば、マルクスの『資本論』なんかは数百ページの本が何冊も連なっており、睡眠薬として使う人もいるほどです。そういった深遠で難解にも思える「思想」のエッセンスを掴み、思想書を「手に取ってもらうきっかけ」をつくるのが、本書で私が試みたことです。

具体的には2つの切り口からそれを行います。1つ目は歴史を通して語り継がれる「思想」全般に通底するものを描くこと、2つ目がその「思想」が語ったことを今の時代に置き換えて読んでみることです。

もちろん、本書では「思想」を唱えた方の考えのごく一部しか提示できていないでしょうし、もしかすると私が紹介する内容が批判されるべきものである可能性も多々あります。しかし、これをメルカリに出品することになるにせよ、何か1つでもあなたの好奇心を膨らませることができれば、本書の役割は果たせたと私は考えます。

「対話」をすることでより洗練される

蛇足ですがもう1つだけ。

「思想」を身近に感じるためにぜひやっていただきたいことがあります。それは「思想」が書かれた本を読んだあとに、ぜひとも誰かとその内容について議論してみてほしいのです。

「哲学をする」とか「思想を学ぶ」と聞いて、どこかに籠って1人で考え込むという姿を想像する人がいるかもしれませんが、それはプラトンから続く悪しき伝統です。

その前のソクラテスという哲学者は誰よりも「対話」を通して考えを深めることを良しとしました。

当然といえば当然で、ある思想に現実世界で意味を持たせるのは市井に生きる人々なのですから。それ以前に、心が折れそうになるくらい難解な書籍でも、他者との対話を重ねると、楽しく読むことができるという点もあります。

私について

「で、お前は誰?」と言われそうなので、少しだけ自己紹介をします。

東京大学を卒業後に外資系コンサルティングファームを経て、現在は上場企業の取締役を務めている、という多くの人が期待するような輝かしいプロフィールを、残念ながら私は持ち合わせてはいません。

あえて1つだけ私を特徴づけるエピソードを伝えるとするならば、小学校でも中学校でも高校でも大学でも社会人になってからも、行く先々で「君は頭がおかしい」と必ずいわれてきた人間だということです。先輩からも後輩からも同級生からもいわれていました。

もちろんこれは、まったくなんの自慢にもならないどころか、黒歴史の積み上げなわけで、今も継続的に積み上げているわけですが、この境遇には幸運な点もありました。

それは「自分が社会から逸脱しているという感覚」を持つことができたがゆえに、「当たり前」とされていることについて批判的に考える機会が多かったことです。そのときに出会ったのが「思想」です。

多くの思想に触れることで、我々が言語化することすらも放棄している「当たり前」を探求する習慣がつきました。
本書は社会的優等生ではない私が思想書を使って考えたことを僭越《せんえつ》ながら書かせていただいております。

*

本文の上下に線が引いている箇所や、〈 〉で括っている箇所は引用部です。原則として、各節の頭に掲載されている書名が引用元です。他の情報から引用した際は、個別に出典を明記しています。また、可読性を考慮し、引用者の判断で適宜ルビを振っています。

もくじ——世界の思想書50冊から身近な疑問を解決する方法を探してみた

第2章 ある意味、スゴ～イデスネ!!

＊日本人について

第3章 お前が生き方を決めるな

＊価値観について

第4章 ウソがホントになる世の中で
＊政治について

第5章 稼ぐ力も生産性もなかったら…

*仕事について

第6章 簡単に啓発される我々の「自己」って…

＊自分磨きについて

第7章　いつも憂鬱の種は尽きまじ
＊悩みについて

装　丁　河村誠
協　力　水谷忠央
本文デザイン・DTP　フォレスト出版編集部

第1章
希望持てないわ、ほんま
＊社会について

title: 01

事実とは何か？

『「知」の欺瞞：ポストモダン思想における科学の濫用』岩波現代文庫、2012年
アラン・ソーカル、ジャン・ブリクモン著、田崎晴明、大野克嗣、堀茂樹訳

「事実に基づいた説明を」

公の場で説明責任を果たしたり、相手を説得したりする状況で求められる言葉です。「事実が大事だ」と聞いて、反対する人はいないように、個人が社会で生きていく上では必須の心構えといってもいいでしょう。しかし、驚くべきことに今の社会ではこの「事実」というものが軽んじられるようになっています。

「ポスト・トゥルース」という言葉をご存じでしょうか。これは、実際何をするかよりもいかにして感情を湧き上がらせ支持を取り付けられるかということを重視する昨今の政治状況を表現する言葉です。

そうなった背景を断定することは難しいですが、1つには「盛り上がること」が「正しいこと」だとされる風潮があるのかもしれません。

「反日」という言葉が、例としてふさわしいかもしれません。

ある言説についてのファクトチェックを関心の埒外《らちがい》に置き、単に日本を持ち上げているものか、批判しているものかで脊髄反射します。そして後者の場合は、「国益を損なう反日」という文脈で総攻撃を仕掛けることがあります。あるいは、奇怪な思考回路を用いて、アクロバティックな擁護や、陰謀論を展開することで、その言説の主旨を歪ませ、ファクトを貶めたりします。

当然のことながら、これまでの歴史や国際社会における日本の行動が常に正しく、それに対する批判のすべて間違っているわけがありません。ところが、この「反日」を使う多くの人は、そういった議論の土台を最初から放棄しているように見えます。かれらの中では、あくまで「日本（現政権）を持ち上げているか」「批判しているか」だけが論点なのです。

そして、このようなことを書いている日本人である私にもまた、「反日」というレッテルが貼られるかもしれません。私はただ、誇りある日本人であるために、恥ずべき態度はしたくないと考えているだけなのです。

こういった「事実」が軽視されつつある社会状況を踏まえ、改めて「事実」という言葉について考えを深められる本があります。アラン・ソーカルとジャン・ブリクモンの『「知」の欺瞞』です。

この著者の1人であるソーカルは、「ソーカル事件」というものを起こした人物として有名です。この事件は、ソーカルが難解なカタカナ語や数式をちりばめるだけで権威を持たせようとするアカデミアへの批判の意味を込めて、カタカナ語や数式をはめ込んだ無内容な論文を専門誌に送ったら、本当にそのまま権威ある雑誌に掲載されたことに端を発する事件です。

この行為自体は批判の対象ともなるのですが、ソーカル自身がそこまでして証明したかったことは「事実とは何か」という問題提起だったとされます。

本書の中では、科学者である著者が「事実」という言葉に揺らぎが生じる理由を述べています。

「事実」が揺らいでいる背景

まず、「事実」という言葉の定義を明確化できない理由を見ていきます。この背景には

2つの思想が極端に推し進められているのです。それは、懐疑主義と相対主義です。

まず、1つ目の懐疑主義のほうから見ていきましょう。こちらはデカルトやヒュームといった近代哲学の初期段階に登場した思想的態度です。基本的には〈たしかに何らかの外界が存在する。しかし、その世界についての信頼できる知識を獲得するのは不可能だ〉という立場をとります。

徹底的に「正しい」とされることに対して、それが本当にそうなのかを疑って考え抜くのです。

この思想の強さは、このアプローチをとってくる人を〈論駁《ろんばく》することはできない〉点にあります。つまり、「そういわれればそうかも」と誰に対しても思わせることができるのです。

たとえば、「この椅子はどのような構造なのか？　原子の集まりならば、それらはどのような構造か？　それが素粒子の集まりならそれはどのような構造か？」といった無限連鎖に陥ることをイメージしてもらうと、この話は理解しやすいでしょう。こういう懐疑の連鎖に放り込まれると「椅子とは○○だ」という一定の考えを持つ人も途方に暮れざるをえません。

しかし、この無敵に見える懐疑主義者にも致命的な弱点があります。それは日常生活で

〈首尾一貫して懐疑主義を貫き通すのは不可能だ〉というものです。つまり、学術的分野では徹底的にあらゆることを疑うといっておきながら、日常生活ではその態度を適用しないというダブルスタンダードが常態化するのです。

懐疑主義を日常生活で貫こうとすると、たとえばキーボードの「A」を押すたびに「これはAが常に出てくるとは限らないのではないか？」と疑い続けなければなりません。そんな人が職場にいたら仕事が進みませんし、周囲はドン引きでしょう。

次に、2つ目の相対主義です。

相対主義とは〈ある命題が真であるか偽であるかは、個人や社会集団に依存して決まるとする哲学すべてのこと〉を指します。

つまり、相対主義は、真偽が絶対的に決められるのではなく、個人や社会を勘案して真偽のボーダーラインが変化するのです。だから、この立場をとる人は事実を追求する者に、〈時間を浪費しているのであり、（中略）原理的に幻想にすぎないと説く〉ことを基本とします。絶対的真理を想定しないということです。言い換えれば、〈本当に合理的であるといえるという考えに意味があると認めない〉のです。

この立場は、固有の立場をとらないことで自らの「客観性」を保証することに強みがあります。

しかし、こちらの立場も非常に弱い部分があります。たとえば、〈飛行機に乗ったことがあり、人工衛星からの写真を見たことがある人にとって、地球が（近似的には）球形をしていると信じることが「本当に合理的」だとはいえないのか？〉と問われると困ることになるのです。

「事実」とは何か

ここまで近代以降の主流とされる2つの立場を見てきました。いずれの立場も方向性に違いはあるものの、「事実」が何かを決めることから避けている点で共通しています。しかし、著者の立場はあくまで「事実」とは何なのかを定義しうると考えています。

多くの人は「事実」の定義について、〈感覚以外に何ものかが存在している〉ことを期待しているかもしれません。ここでいう「感覚」というのは人間が外界や物事を把握する行為を指します。

しかし、著者はこのような「事実」という言葉への理解に〈感覚以外の何ものかが存在するというのは、もっともらしい仮説に過ぎない〉と批判的な立場をとります。ということは、あるものが「事実」だと認識するには最終的には感覚に頼るしかないということです。ただし、このことは「俺が思うからそれは事実だ」といったようなジャイアン論法を意図するものではありません。

著者は「事実」というものについて次のように述べています。

> 科学の理論の実験的検証の総体こそが、われわれが自然界についての（中略）客観的な知識を獲得したことの証拠なのである。

ここで述べられているのは、「これは事実だ」と確信するのはあくまで我々の感覚にはよるものの、それは独善的なものであってはならず、実験的検証により極めて再現性高く（演繹的に）、我々の前に現出することが求められるということです。

したがって、たとえば「射手座の人は明日気になる人に告白される」ということを占星術師が伝えてきて、仮にあなたが気になる人から告白されたとしても、占星術が科学的な学問だということにはならないわけです（あなた自身にとって起きたこと自体は「事実」でしょうけども）。仮にそれを厳密な意味での「事実」というためには、「射手座」の人を数万人は連れてきて、相当数の人から「俺、昨日告られたわ」という言質とその人が付き合うことになった交際相手を確認する必要があるのです。

ポスト・トゥルースが叫ばれる時代で

改めてですが、昨今は「ポスト・トゥルース」という言葉が叫ばれ「事実」が軽んじられています。もはや「事実」かどうかがそれほど問題ではなくなる時代が来ているのです。このことは言葉にしてみると恐ろしいものですが、現実においてそうなっているからこそ「ポスト・トゥルース」という言葉が全世界で流行しているわけです。

では、なぜ「事実」が軽んじられるようになったのでしょうか。1つにはここでも取り上げたような懐疑主義や相対主義などが我々の思考の大部分を占めはじめているからなのかもしれません。実際、絶対的に正しい真理や確実な証明などはないという思考が人気を博そうとしているのです。

日本人の中にも、さんざん「思想」について語っておきながら、現実において起きている具体的な問題に真正面から答えようとせず、「どっちもどっち論」を展開するのを生業とする「有識者」が散見されます。そういった人間を支持する人がいるからこそ成り立っている芸だとを考えると、ある種そこに「安全地帯」を多くの人が見いだしているのかもしれません。しかし、この著書を読む中で私が思うのは、「事実」が軽んじられている背景の1つには、あることを「事実」だというためにかかる労力に耐えられなくなっているのではないかというものです。

このことは著書の中の犯罪捜査の例を見ていくとよいかもしれません。犯罪捜査においては、ある人物を「犯人だ」と断定するには複数の情報の積み上げを必要とします。今日においては、たとえば、DNA鑑定の結果、証拠資料、本人や目撃者の証拠、指紋等々を積み上げて容疑者を逮捕します。いくら懐疑論者といえども、強盗犯がカメラに映っていて指紋も現場から採取されている中で、「いや、それでも犯人とはいえないかもしれない」などとはいっていられないでしょう。そういう人がいたら「バカか君は」といわれて終わりです。

しかし、今でこそそのようなことをいえば「おバカさん」とそしられますが、このような個々の「事実」の収集スタイルを「事実」とするには長い道のりがありました。たとえば、DNA鑑定を「事実」として受け入れてもらうには、「過去の経験の詳細な分析」を必要としたのです。

まとめると、現代社会はそういった緻密な手続きを待っていられない世の中なのかもしれません。それゆえに、「事実」よりも他の何かを優先することを当然のものとする世論ができているのです。

ただし、この「事実」取得に向けた飽くなき探求が過小評価される世の中は、長い目で見ればあまりいい傾向とはいえないのではないでしょうか。「事実」だと思うものに裏切られたからといって「事実」を追い求めることを軽んじてはならないのです。

title: 02

どうしてマスコミは偏った報道ばかりするのか？

W.リップマン著、掛川トミ子訳『世論 上』『世論 下』岩波文庫、1987年

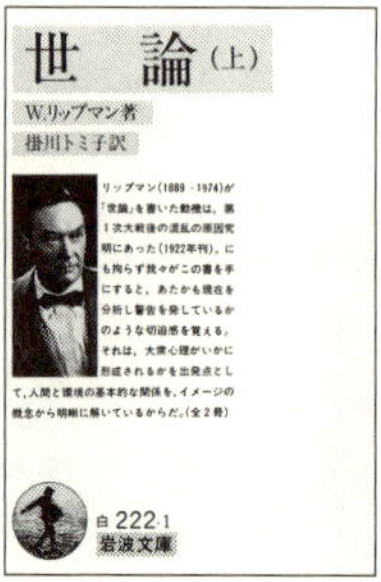

「マスコミは印象操作をやめろ」
「最近のマスコミは偏向報道しかしない」
「マスコミには世論操作をせず公正な報道を希望したい」

昨今、フェイクニュースという言葉が話題です。膨大な読者や視聴者を持つメディアによる誤った情報伝達を指す言葉として使われます。その関係もあって、「フェイクニュース」が流行するようになってから、メディアに対する風当たりは随分と厳しくなりました。ヤフコメやツイッターなどを見ているとそれは顕著ですが、特定の事業者の報道の大半で「客観的な方法」だの「偏向報道」だのを要求するコメントが流れます。

ところで、このようなマスコミが「印象操作」や「偏向報道」をしていると批判する方に聞いてみたいことがあります。「偏りのない公正な報道」とは何でしょうか。もしかするとこの質問に対して博識な方であればいとも簡単に回答できるかもしれません。しかし、あなたが仮に相当な博識だとしても、その答えにはツッコミどころがたくさんあると思われます。

なぜこのような主張をするかというと、「偏りのない中立な情報伝達」など存在しないからです。このことを教えてくれるのがウォルター・リップマンの『世論』です。

リップマンは元祖ジャーナリストともいわれる方ですが、今読んでも新鮮さを感じるほどメディアとの上手な付き合い方を教えてくれます。

「偏りのない情報」など存在しない

メディア批判というのは突き詰めると、2つしかありません。

1つは、冒頭のような「偏向した情報」を「不偏中立な情報」へ加工しろと主張するものです。もう1つが、情報の偏りを前提にメディアのあるべき姿を主張するものです。

このスタート地点の違いは後の議論に大きな影響を与えます。

リップマンは、前者を非現実的な発想と批判した上で後者の立場をとります。

つまり、メディアは常に何らかの理由により情報を偏った形で伝達するということです。そしてこのことを前提にどういうふうに我々は情報の偏向と付き合うのがいいかを考えるべきだと述べているのです。

このことを理解するには、リップマンの「情報」の捉え方を見ていく必要があります。リップマンはニュースを例に、〈大衆が読むのはニュース本体ではなく、いかなる行動方針をとるべきかを暗示する気配に包まれたニュースである〉と説明します。

その意図は、大衆にとってはニュースの「本体」は重要ではなく、自分の行動指針を示してくれるニュースを期待しているということです。不偏中立な情報を求める人とは正反対です。

日本のメディアについての調査でも同様の事例があります。たとえば、産経新聞購読者は現内閣支持率が高いのに対して、朝日新聞、毎日新聞、東京新聞を読む層では安倍内閣の支持率が低くなるという現象が当てはまります。

JX通信社が2018年に実施した調査を紹介しますと、産経新聞購読者では安倍内閣を「強く支持」「どちらかといえば支持」が72%も占めるのに対して、朝日と毎日ではその数値が23％で、東京新聞に至っては14％に留まるのです。

これは誤差というレベルではありません。別の質問をしたのかと思うくらい調査結果が異なります。同じ言語で毎日ニュースを報道しているのに、ある対象への印象は大きく異なることが顕著に示された事例といえます。

本調査は、メディア（情報を流す側）は単にニュース本体を伝えるのではなく、ある行動をとるよう暗示しているというリップマンの主張を裏付けるものです。実際、産経新聞は現政権に肯定的ですが、東京新聞などは非常に批判的です。

「偏りのない情報」を要求する人たちこそ危ない

ところで、リップマンの主張は、情報を伝達する側の分析だけでは終わりません。「報道する側」だけでなく、「報道を受け取る側」の願望や意志も無視できないと指摘します。むしろ、「報道を受け取る側」が情報の偏りを求めているからこそ、メディアは偏った報道をしていることが多々あるというのです。

これについて、〈現在展開され公にされている政策が、もともとからある感情に、論理的には無理としても類推と連想によって、結びつけられることだけ〉だと述べています。

つまり、リップマンは我々が情報を自分の知らないことの収集に利用するのではなく、今ある感情（結論）をさらに固定化し、偏見を育むために利用している点を批判しているのです。

ある情報発信者からの情報が「中立」「不偏」なことはありえません。発信しているのが人間である以上、「偏りがない」などありえないのです。しかし、これは情報受信者も同じです。受信者も「中立」「不偏」であることはありえません。

そういう意味で、メディアの偏向報道を批判し、「中立」「不偏」を要求する人たちこそ危険な人たちなのです。この人たちは二重に危険です。

1つは、情報がいかなる偏りもなく存在しうると考えていることです。もう1つは、その要求する人たちが自分のことを「偏りがない」人間だと無意識に考えていることです。根元には自らの完全性を過大評価しているナルシズムがあるわけですが、誤った認識だといわざるをえません。

いかなる人間であれ「思考」「意志」「判断」を通して情報を処理するわけですが、そこにはそれに先立つ「感情」があります。そのような人間の本性に向き合うことなく、「自分が求める情報」を「客観的な情報」にイコールで結んでいるわけです。自分の不完全性を無視し、そのことをメディアのせいにするとは傲慢《ごうまん》ではないでしょうか。

鶏が先か卵が先かはわかりませんが、結局、〈問題となるのは、ステレオタイプの性格と、それを使いこなすわれわれの融通のきかない馬鹿正直さ〉なのです。

リップマンの伝える上手なメディアとの付き合い方

メディアに対して、〈われわれが最大限の独立を保つために実行できる方法は、心を開いて耳を傾けることのできる権威者たちの数を増やすこと〉しかありません。

なぜなら、「中立」や「不偏」を特定のメディアに期待し、実現させることは人間が運営するものである以上難しいからです。ただ、個々の媒体としてはその理想が為しえなくても、社会全体としてその理想に近づけることはできます。

それは複数の報道機関による多様な言論が並存する状況をつくることに他なりません。この結論は我々自身にも当てはまります。それは我々も多様な言論に触れることです。

昨今は同人誌のような「自分の聞きたいことだけを垂れ流すメディア」のみを嗜好する方々がいます。

一方で、そのような方々は、自分と異なる言論メディアには非常に不寛容な立場をとります。このような形での情報の向き合い方は、リップマンのいう「メディアとの上手な付き合い方」とは真逆の考え方です。

こういう人たちは情報を収集するためではなく、偏見を育むためにメディアを使っています。

彼ら・彼女らの口癖は「偏向報道をやめろ」ですが、まさに自己認識を過大評価していることを示している発言です。

偏向するのは、メディアだけでなく自分自身もありえるという認識が何よりも重要ではないでしょうか。

「偏向報道をやめろ！」という人がいたら「偏向するのは当たり前なんだよ！」といってやってください。

title: 03

洗脳される人の共通点は？

『全体主義の起源2 新版』『全体主義の起源3 新版』
ハンナ・アーレント著、大島通義、大島かおり訳(2)、大久保和郎、大島かおり訳(3)
みすず書房、2017年

「あの人洗脳されてない？」

そう思いたくなるような人を見かけたことはありませんか。明らかに怪しいものに傾倒し、そのことを批判されると異常な怒りを表す人々です。

そういう人を見ると我々はつい「なんでこんなバカげたものにハマっているのか？」と考えてしまいます。

しかし、この「洗脳」は誰にとっても無縁のものではありません。むしろ、現代社会では誰であっても洗脳される可能性はあります。身近なレベルでいえば、男性では自己啓発セミナーに数十万を平気で支払ったり、女性では粗悪な化粧品や美容品などに異常なまでにお金をつぎ込んだりします。このこともある種洗脳状態です。

こういった洗脳状態に我々が置かれる原因について記したのが、ハンナ・アーレント『全体主義の起源』です。一般的に「洗脳する方法とは何か?」と聞かれるとどう答えるでしょうか。たとえば、睡眠不足にさせられることや一緒にいる時間を長くするという方法があるかもしれません。

しかし、アーレントはそういうテクニカルなレベルではなく、もっと深い次元で「洗脳される人の共通点」を分析するのです。

洗脳される人の共通点

結論からいいますと、彼女によれば洗脳される人の共通点は孤立した個人であることだといいます。仮にこの意見に従うならば、誰もが得体のしれないものに洗脳されることを意味します。

恐ろしいことですが、アーレントはこの立場で論理を展開します。

例として彼女が分析するのはナチスです。ナチスといえば、国民をあげてユダヤ人の大量殺戮を行わせたことは多くの人がご存じでしょう。

アーレントは大量虐殺に国民を動員させた手法として、「個々人を徹底的に孤立させたこと」を挙げたのです。つまり、個々人を孤立させ〈見捨てられている〉という感覚を植え付けることで、国民を大量虐殺に加担させたのです。

では具体的にナチスが国民を巨悪に加担させるために何をしたのか。これを説明する上で重要なキーワードが2つあります。

まず1つ目は「テロル」です。「テロル」というのは「テロ」の語源ともなった言葉ですが、相手に対して恐怖感を与える言動のことです。ただし、この説明だけではヤクザの「脅し」と変わりません。

ナチスによる「テロル」はカツアゲが目的ではありませんでした。〈人間と人間とのあいだのすべての関係を荒廃させてしまう〉ことを念頭に置いていたのです。このことで〈人々が自分の同輩とも周囲の現実とも接触を失って（中略）思考することの能力をも失う〉ように仕向けたのです。

洗脳はいかにして完成するか

ただし、個人を脅して単に孤立させるだけでは「洗脳状態」はつくれません。それを説明するために、もう1つのキーワードである「論理的推論の能力」を取り上げます。

なぜなら、この能力は〈経験にも思考にも依存していない唯一のもの〉だからです。つまり、バラバラになった個人が他者との「共通感覚」を喪失する中で、唯一頼れるものなのです。

たとえば、「2＋2＝4」という数式を考えてみてください。この「論理」は完全に孤立させられた状態でも失われることはありません。

実際、「テロル」によって個々人がバラバラとなり共通感覚を失った中で、「論理」の力は強大なものとなりました。これによりある種洗脳状態は完成したのです。

一点ここで誤解をしてはいけないのは、人々を支配したのは「論理」の持つ中身ではないことです。

つまり、「論理」がもたらす必然性だったのです。実際、国民すべてを統一論理でまとめ上げようとしたヒットラーやスターリンは、そのことを意識していたとアーレントはいいます。


ヒットラーとスターリンはいつも、世間でよく使われる「Aと言った以上Bと言

わなきゃならない」という言い方で彼らの議論を固めることをとりわけ好んだが、この理屈が（中略）現代人を納得させたことは疑いない。

彼女の論旨をまとめると、次のようになります。

「テロル」等により個々人がバラバラにされると、行動のための基盤が「論理」の演繹性にしかない状況となります。その状態になると、多くの人が「論理」を求めるようになります。それは仮に氷のように冷たい論理や残虐性をはらんだ論理であっても関係はありません。「論理」自体が持つ必然性に魅了されるのです。こうして、孤立化して〈見捨てられている〉と感じる個人にとっては、いかに誤った「論理」であろうともそれを提供するものに感謝し、支持してしまうのです。

現代社会が人々を洗脳しやすい状況である理由

個人がバラバラに分解されるような社会では、個人が誤った論理に誘導されやすくなることを述べてきました。最後に、この話の延長線上で、今の我々がいかに洗脳されやすい状況に置かれているかという話をします。

我々を洗脳しやすくしている社会構造を理解する上で重要なのが「官僚制」です。この組織構造は近代で主流になったわけですが、最大の特徴は個々人に〈円滑な機械の一つの《歯車》だと考え〉（ハンナ・アレント著、ジェローム・コーン編、中山元訳『責任と判断』ちくま学芸文庫）させるところにあります。「組織」という言葉が「官僚制」と同義で使用されるほど主流であった組織構造です。

この人間歯車を大量生産する「官僚制」が流行した理由は何でしょうか。これについてはマックス・ヴェーバーから学ぶことができます。

ヴェーバーは『官僚制』（阿閉吉男、脇圭平訳、恒星社厚生閣）という著書で、近代の組織構造を〈純即物的な見地から行政における分業の原則を貫徹する〉ものと定義しました。つまり、分業による能率の向上を目指す上では人間歯車を大量生産するのが一番理にかなっているのです。

これがナチスの全体主義的統治においても存在したと彼女は指摘しています。

全体主義的統治の本質、またおそらくすべての官僚制の性格は、人間を（中略）単なる歯車に変え、そのようにして脱人間化することである。

――ハンナ・アーレント著、大久保和郎訳『エルサレムのアイヒマン』みすず書房

ということは、個人を孤立化させる「官僚制」組織で労働している人が多い現状は、我々が誤った論理に容易に至る可能性があることを意味しています。

そもそも「テロル」によって個々人をバラバラにすることを書いてきましたが、「テロル」自体も社会が弱まっていないところには生まれません。つまり、「テロル」だけが個々人をバラバラにするわけではなく、社会の構造変化なども影響力があります。

キリスト教の歴史において著名なルターやアウグスティヌスはこのことを理解していたとアーレントは考えていました。だからこそ、彼らの思想に共感する宗派は「教会」という媒介を重視していたのかもしれません。教会は、個人が集まる場所であり、かつ個々人が個々人を認める場所として機能します。

現代日本では、個人が〈見捨てられている〉という感覚を抑止する媒介はあるでしょうか。「ない」と感じる方が増えているのであれば、それに対処することが今求められていることではないでしょうか。

title: 04

同調圧力とは何か？

ギュスターヴ・ル・ボン著、櫻井成夫訳『**群衆心理**』講談社学術文庫、1993年

「○○さんがやるなら私もやろうかな」
「○○くん。みんなやっているんだから君もやりなさい」
社会で生きていると周囲と理由なく歩調を合わせるように求められる場合があります。それは一度や二度ではないでしょう。社会で生きていくということは、常にこの「同調圧力」に関わることを余儀なくされるといってもいいかもしれません。
それゆえに、この圧力に頭を悩まされることも少なくないでしょう。なぜならば、時として自分1人であれば絶対にしないようなことも、集団に埋没してしまったときにはしてしまうからです。

特に親しい人であるかどうかに関係なく、人間は1人でいるときと集団に埋没しているときとでは異なる考えや行動をとってしまいます。

そういった人間の不思議なメカニズムについて考えたのがギュスターヴ・ル・ボンの『群衆心理』です。

ル・ボンは今まさに私が書いたような人間の集団心理について突き詰めて考えた人物で、『群衆心理』にはそのエッセンスがたくさんちりばめられています。

個人が集団に入ると起こること

まず、ル・ボンが述べる個人が集団に埋没すると起こることについて見ていきます。

> 集団的精神の中に入り込めば、人々の知能、したがって彼らの個性は消え失せる。

要するに、集団に入ると個人はアホになるといっているのです。

そう考える理由は何なのでしょう。これについて彼は集団の中では個人の理性的思考がまともに働かなくなることを挙げています。それゆえ、同調圧力が多くのケースにおいて、個人の異質性に勝利する力を持っているということをル・ボンは述べているのです。

ここで注意すべきは「バカは群れる」というビジネス書的な論法は因果関係が逆だということです。ル・ボンの考えは、「群れに入るとバカになる」なのです。その証拠に彼は〈人間は群衆の一員となるという事実だけで、文明の段階を幾つも下ってしまう〉とした上で、〈孤立していた時には、おそらく教養のある人であったろうが、群衆に加わると、本能的な人間、従って野蛮人と化してしまう〉と述べます。

独りだと教養人なみに理性が働くのですが、集団に入ると理性的ではなく野獣的本能が優位になってしまうのです。

ここで、「男は群れるな。孤独に生きろ」的な結論を出して終わるのが、自己啓発と呼ばれる類でしょう。

ただし現実問題として、そんな宮本武蔵みたいな生き方ができる人はほとんどいません。それができれば世の中、宮本武蔵だらけです。つまり解決策として、この手のチープな精神論は現実的ではないのです。

〈いかにして群衆の意見と信念とが生じ、そして確立するにいたるか〉という問いをさらに一段深めることで、本質的な解決を目指すべきなのです。

集団が個人を抑圧する要素とは

集団が個人を抑圧する要素について、ル・ボンは著書でいくつも挙げているのですが、その中でも特に紙幅を割いて述べたものがあります。

それは「言葉」です。日常的に言葉を無意識に使用することもあってか、それについて我々は無頓着でありがちです。

しかし、ル・ボンにいわせれば、「言葉」は巧みに使いさえすれば、〈昔の魔術師たちがそれに具《そな》わっていると信じていたような一種の神秘な力を、実際に獲得する〉ほどの力を持っているといいます。

では、どうして昔の魔術師たちが持っているような力を「言葉」は持ちうるのでしょう。

これについてのル・ボンの見解は、このツールが持つ曖昧《あいまい》性こそが魔法を生み出すというものです。彼は、〈言葉の力は、それが喚起する心象に関連しているが、言葉の真実の意味とは全く無関係である〉と述べます。つまり、辞書的に定式化された「意味」は言葉の「力」を決めるのではないということなのです。

この話を理解する上でル・ボンはわかりやすい例をいくつか挙げてくれています。その筆頭にあがるのが近代以降に非常に重視された「自由」という言葉です。この言葉を聞くと、100人が100人同じ認識を持つことはありえないでしょう。非常に多くの人が好意的に迎えるワードでありながら非常に曖昧な言葉です。

このような多くの人が渇望していながら、その意味が曖昧なものほど魔法の粉となり、集団を統率する力を持つのです。実際、歴史においてもフランス革命後の恐怖政治を行ったジャコバン派は革命当初に〈自由、友愛という当時非常に気うけのよかった言葉をもち出し〉ました（最終的には恐怖政治をするわけですが）。

言葉の意味の変化に注意せよ

そういう意味では、自分が同調圧力に無意識のうちに流されていないかを知るためには、集団内で何気なく使われる言葉の意味にもっと注意を払う必要があります。言い換えれば、それが広く知られた意味と異なっていないかの検討をすることが重要なのです。仮に、共通感覚との乖離《かいり》があれば、そこには強大な同調圧力があるということになります。

今の話で勘違いすべきでないのは言葉の意味は一定ではないというところです。〈ある言語を考察すると、（中略）言葉が呼び起こす心象や言葉に付せられている意味は、たとえず変化している〉と彼がいうように、言葉というものは意味が変化しうる流動的な本性を持っています。

> 言葉によって呼び起こされる心象は、（中略）同一の標語で示されていても、時代により民族によって種々に異なってくる。

この考えは常に頭に入れておく必要があります。今の時代だからこそ、ある言葉は、どういう意味で使われているのかを、今一度考える視点が求められるのです。

もちろんこの同調圧力は社会を安定させる側面もあります。それゆえに、ル・ボンのように批判的に見すぎる必要はないのかもしれません。

たとえば、みんなが同じように行動せよという意識があるからこそ秩序は存在します。しかし、それはコインの表裏のようなものであり、同調圧力は多くの人に「悪」を促すこともあるのです。

卑近な例でいっても、いじめや会社で起きているパワハラの問題はその典型でしょう。周囲にいる人も集団心理にのまれ、明確に「悪」だと、通常であれば判断できることをいえなくなるのです。

いずれにしても、同調圧力に悩む方にオススメしたいのは、いきなり一匹狼になって孤立することではなく、その集団で頻度高く共有されている言葉の意味を捉えるということです。

title: 05 多様性の尊重はいかにして可能か？

シャンタル・ムフ著、酒井隆史監訳、篠原雅武訳
『政治的なものについて：ラディカル・デモクラシー』明石書店、2008年

「多様性」という言葉が話題です。これを活かした経営や教育が歓迎され、これからの社会に必要なものとして異論はないと思われるほどです。

おそらく、「多様性」を尊重することで社会が活性化するという考えが背景にあるのでしょう。実際、「ダイバーシティ」なんて言葉も日本語として定着しつつあり、多くの人がこの言葉を尊重すべきだと感じはじめています。

ところで、この「多様性」を社会でどうすれば実現できるのかと問われたら何と答えますか。一般的に、さまざまな対立を乗り越え、異なる個人の共存を尊重できるところに見いだすのではないでしょうか。

しかし、そのような考えに異議を唱えるのがシャンタル・ムフの『政治的なものについて』です。ムフは真に「多様性」がある組織や社会はどうすれば実現するのかという疑問にヒントを与えてくれます。

ムフは答えとして「政治的なもの」の必要性を訴えます。この「政治的なもの」とは何でしょうか。

「多様性の尊重」は対立を乗り越えたところにしか存在しない

まず、真に「多様性」のある状態をムフはどう定義したのか。

それを理解する前段階として、一般的にイメージされる「多様性」への誤解を解く必要があります。その誤解とは、先に述べたような「多様性」が意見の対立を乗り越えたところにあるという考えです。

この誤解は非常に根強く人々に浸透しています。

なぜならこの考えが〈近代の、民主主義政治の思考の基礎を規定してきた〉概念だからです。近代デモクラシーのように、〈暴力や攻撃性は原始的な現象であって、交換関係が拡大深化し、理性的な参加者が社会契約を媒介にして透明なコミュニケーションを打ち立てていく過程で次第に消滅に向かう〉という考え方は多くの人が受け入れています。対立はいずれ解消されるという根拠なきオプティミズムが「多様性」の議論を支配しているのです。

しかし、このような考えはありえないとムフは考えます。

あらゆる秩序は政治的であり、なにかしらの排除の形態に依拠するのだと。抑圧されているが、それでもふたたび現れることが可能な、べつの可能性がつねにひそんでいる。

ムフの意図は、人々の行動原理となる「秩序」は何かしら排除の論理を含んでいることです。

「秩序」というと仰々しいですが、人々の関係性を保証するもの（秩序）がその連帯性を強め、外に対して「排除」の論理を発揮することを意味します。

この着想は、どれほど議論をしても、どれほど争いを重ねても、現実でのヘゲモニー闘争（覇権争い）は終わりを見せないという単純な理由にあります。

歴史では幾度となく「人類普遍の願い」という形で多くの秩序が生まれてきました。しかし、そのどれもが現実化するときに必ず誰かを排除する結果になるのです。

多様性は対立する存在を受け入れることで尊重される

では、あらゆる「秩序」が排除の論理を含んでいることがわかったとして、どうすれば「多様性」の尊重は可能となるのでしょうか。

ムフの結論はこうです。

まず「対抗者」の考えを積極的に傾聴するよう促します。ここまでは一般的な多様性論と同じです。しかし、ムフの場合はその上で、〈敵対性は抹消しえず、むしろ、「昇華」されなければならない〉と考えるのです。つまり、「全員が同じ意見に向かってたどり着けるはずだ」という幻想を捨てて、〈社会の分裂の認識と対立の正当性〉を持ち、他者と向かい合うべきだということです。

お気づきのとおり、これは近代デモクラシーが重視する〈合意ないしは宥和《ゆうわ》の観点から捉えようとすること〉とは正反対の意見です。しかし、彼女によればこの考え方こそが民主主義の現実化において重要なのです。

要するに、ムフにとっての「多様性のある社会」とは、複数意見の対立状態が恒常的にあり、それらがぶつかり合っている状態なのです。

もちろん、これは対抗者の「すべて」を受け入れるという意味ではありません。著書では次のように断りが入っています。

> 基礎となる制度を疑問に付す者を正当な対抗者とみなすことはできない。

ここでムフが述べているのは、議会制民主主義の中で、対立意見を議論しているのに、議会制民主主義という前提となる制度を疑問視する者は、対抗する相手とみなさないということです。その意図するところについて、ムフは別の箇所で次のように述べています。

> 私が唱導《しょうどう》する多元主義においては、闘技的な討論をなすものとして受け入れられるべき要求と、そうでなく除外すべき要求を区別することを必要とするのである。（中略）いくつかの要求が排除されるのは、それらが「悪」と宣告されるからではなく、民主主義政治の連合体を構成する制度に挑戦するからなのである。

ムフの多元主義では、その討論の前提を破壊するものを「多様性」の1つとして受け入れることには断固として拒絶しなければならないということです。

原理としては、リングに上がってルールを守っている限りは、殴り合いという行為も「ボクシング」として認められるのと同じですが、リングを降りても殴り合えばお縄になるということです。

「多様性」の尊重を謳う自分自身が排他的でないか

ムフの議論は我々を次の点に気づかせてくれます。

それは個人の「多様性」を安易に主張する者こそが、「多様性」を排除しうる危険因子だという点です。

背景には、私も含めた多くの人が「今は対立があるかもしれないけれど、それは一時的なものであり、いずれ1つになることができる」という考え方から抜け出せないことがあるのでしょう。そして、この考えを持つことが「良いことだ」と無意識に考えているからですが、そのせいで、歴史は幾度となく悲劇を生み出しました。

日本の例でいえば、外国の脅威に対して「日本国民」として1つになることを謳い、それが達成されているかのように喧伝《けんでん》しながら、裏では次々にそういった「愛国カルト」に批判的な人を処刑していました。

その人たちには後に解説する幸徳秋水（112ページ）や戸坂潤（160ページ）も含まれますが、他にも小林多喜二など、多くの知識人が犠牲になりました。

そういう悲劇を起こさないためにも、彼女は「社会」をヘゲモニーのぶつかり合いを本性とするものとして捉えるようにしたのです。

> あらゆるたぐいの社会秩序の本性がヘゲモニー的であること、さらに、あらゆる社会が、偶有性という条件のもとで秩序を打ち立てようとする実践の諸系列の産物であるという事実を承認することが要求されるのである。

たとえば、少し前まで国家を敵対視する「グローバリズム」というヘゲモニーが支配的でした。これに賛同できない者は追放の対象となるほどでしたが、今は「グローバリズム」を追い出そうとするヘゲモニーが流行しはじめているではありませんか。

グローバル化が人類普遍の願いであれば、そのまま行くしかなかったでしょう。ところが、現実ではそれとは真逆のヘゲモニーが対抗をしはじめているのです。もし、「グローバルの流れは止まらない」など、といまだに叫んでいる人がいるならば、その人は時代がまったく見えていないといっていいでしょう。

コミュニティをより多くの人にとって良いものとするには、複数のヘゲモニーによる均衡状態をつくることが、ベストではないにせよベターだということです。

こういうと小難しいですが、身近な例もあります。

それはビジネスマンの服装です。これも長いヘゲモニー闘争の歴史だと私は考えています。一昔前は気温が40度を超えようが、ブラックスーツにネクタイをつけていなければ社会不適合者とされる風潮がありました。しかし21世紀に入りはじめてからでしょうか、IT社長などが異常にカジュアルな服装でオフィシャルな場に出るという、ブラックスーツへゲモニーに挑戦して以降、変化が生じます。

今やオフィス勤務においてノーネクタイはもちろん、オフィスカジュアル、ジーンズOKなど、会社ごとに差はあるものの「多様性」が認められつつあります。

現時点では、この均衡状態がベストではないにせよ、ベターだとされているのでしょう。

ただし、このベターもまた時代の移り変わりで変化を要求されることはあるはずです。

別の例でも考えてみましょう。

我が国でなされている緊縮財政理論と積極財政理論（ＭＭＴ）が、ヘゲモニー争いを激化させていることが挙げられます。両理論は片方が政府債務をなるべく少なくするのが望ましいとし、もう片方は政府債務はむしろ足りないくらいであるとし、天動説と地動説くらいの相違があります。

一般的な文脈で多様性を尊重しようとすれば、双方の言い分を合わせることや第三の選択肢を生み出そうとする必要があります。

しかし、双方の意見が折り合う点はまったくありえません。なぜなら、双方の理論が一致しうる点は1つとしてないからです。実際、我が国の歴史でもここ20年ほどは緊縮財政理論が称揚されてきました。しかし、最近はその流れに変化が見られ、積極財政理論の必要性が政治家をはじめ各方面から強く挙がるようになってきました。

この例でお伝えしたいのは、安易に「お互いはわかり合える」と述べるような優等生的発言は、むしろこれまでの歴史や現実に目をつぶった暴論だということです。多様性を重視するからこそ、時には議論による対立を避けてはならないのです。

title: 06

「客観的に」物事を見るにはどうすればいいのか？

マイケル・ポランニー著、高橋勇夫訳『**暗黙知の次元**』ちくま学芸文庫、2003年

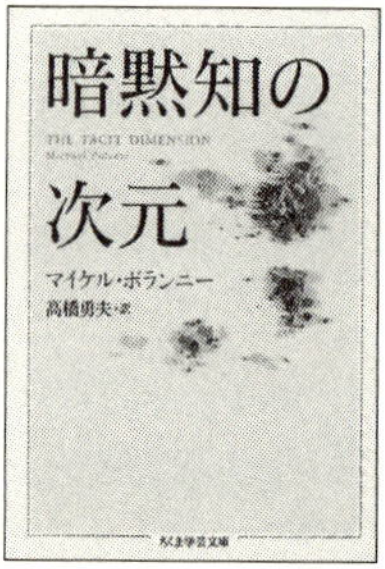

「客観的に」という言葉は、今や発言者の内容の正しさを証明するパワーワードとして当たり前のように使われています。エコノミストやコンサルタント、大学教授に会社経営者などからいわれると、発言内容にかかわらず「なるほど。そうですね」と納得してしまいます。

しかし、「客観的に」という言葉には危険があります。現に、2008年には「客観的に」物事を見ることが得意なはずの人たちによって、前代未聞ともいえる金融危機が引き起こされました。そしてその際に、倒産したリーマン・ブラザーズに至っては倒産直前まで、格付け会社から「客観的」お墨付きとして「AAA」の信用スコアを与えられていたのです。

この例に限りませんが、ここで取り上げる「客観的」というパワーワードはしばしば我々を安心に導くどころか、危険な状況に追い込むことがあるのです。

この「客観性」について考察し、その危険性を指摘したのが、マイケル・ポランニーの『暗黙知の次元』です。ポランニーは化学や医学という理系の領域で博士号をとりながらも、社会科学や科学哲学という文系の領域に専門を鞍替えした人です。この経歴から推測できることとして、彼は「客観性」を重んじるとされる自然科学の学問の危険性に気づき、どう危険なのかを見定めたいという好奇心を、哲学という文系の学問に鞍替えすることで満たそうとしてたように私には思えます。

一般的に、「客観的な物の見方」とは、自分の感情や立場を除外して「可視化」されたものから判断するという意味合いが含まれています。しかし、本書でポランニーはそのような「客観的な見方」は不可能だと指摘します。なぜ彼がそう考えるのかを早速ですが、見ていきましょう。

「客観的」な言動が不可能な理由

まず、「客観的」な見方や発言を行うことができない理由は、端的にいえば、「暗黙知」

がいかなる言動にもつきまとうからです。

では、ここでいう「暗黙知」とはどういうものなのでしょうか。これはポランニーの〈私たちは言葉にできるより多くのことを知ることができる〉という有名な言葉をもって理解されることです。そして、〈暗黙的認識とは、二つの条件の間に（引用者注：「ある二つの条件づけられたものの間に」という意味でポランニーは使っている）意味深長な関係を樹立するものであり、従って、そうした二つの条件が相俟《あいま》って構成する包括的存在（comprehensive entity）を理解すること〉なのです。

彼がいうことを、野球を例にして考えてみます。野球が上手な人に「〇〇の角度でバットを振ればヒットを打てるようになる」といわれて、素人のあなたが打席に立ったとします。あなたはヒット性の当たりを最初の2、3球ほどで打てるでしょうか。いうまでもなく、教わった「コツ」が頭にあっても素人であれば打てないでしょう。

しかし、指導を受けながらそれを何十球、何百球と続けると状況は変わります。スピードに慣れ、バットを振るスピードも速くなることにより、徐々にボールにバットが当たるようになって、最終的には何度かヒット性の打球を打てるようになります。

さて、この打てるようになった理由を考えてみてください。

「指導した人物のアドバイス」だけで説明できるでしょうか。経験者の助言よりも、あなたが打席で得た「経験知」が大きく影響しているのではないでしょうか。ポランニーが述べる「暗黙知」とは、このような経験の中で体得した言語化できない知のことを指すのです。言い換えれば、私たちがあることを全体的に理解したといえるとき、それは単に感じることができるものにとどまらず、暗黙知を含めた多くの要素を理解しているということです。

仮に、感覚的なものを排して物事を理解する「客観的」な見方が可能なら、マニュアルさえ読めば素人でもホームランが打てることになります。そうなれば全人類がメジャーリーガーになれるでしょう。

「客観的」な物の見方が称賛されたきっかけ

ところで、この「客観的」と呼ばれる言葉のルーツはどこにあるのでしょうか。冷静に考えるとありえない言葉ですが、これが現実に存在すると考える人は多いのです。この「客観的」という言葉のルーツについて、ポランニーは「近代科学」を指摘します。

実際、〈世に謳われた近代科学の目的は、私的なものを完全に排し、客観的な認識を得ることであ〉ったようです。さらにいえば、この近代科学は、現時点で客観的な認識が無理であっても〈それは単なる一時的な不完全性に過ぎないのだから、私たちはそれを取り除くよう頑張らねばならない〉と命じるものなのです。

　しかし、ポランニーはこのような近代科学の世界観を批判的に捉えます。人間に「暗黙知」が存在することを前提とすれば、〈厳密科学が信奉する理想は、根本的に誤解を招きかねないものであり、多分無残な結末をもたらす誤謬《ごびゅう》の原因だということが、明らかになる〉からです。「客観的」に物事を見ようとすることは、より良い知の発見や構築につながるどころか、〈結局のところ、すべての知識の破壊を目指すことになる〉のです。

　ここでもしかすると「暗黙知」自体が存在しないという反論が出るかもしれません。確かに、これ自体が存在しないとなればポランニーの主張は崩れてしまいます。しかし、彼は〈暗黙的認識をことごとく排除して、すべての知識を形式化しようとしても、そんな試みは自滅するしかない〉と考えています。これについては具体的に例を挙げています。

> 暗黙的認識をことごとく排除して、すべての知識を形式化しようとしても、そんな試みは自滅するしかないことを、私は証明できると思う。というのも、ある包括的

存在、たとえばカエルを構成する諸関係を形式化するためには、まずそのカエルが、暗默知によって非形式的に特定されていなければならないからだ。実際、そのカエルについて数学的に論じた場合、その数学理論の「意味」は、相も変わらず暗默的に認識され続けるカエルと、この数学理論との、持続的な関係の中にあるのだ。

ポランニーは「カエル」の正体を数学的に把握しようとする場合を想定します。この場合、「カエル」について数値化する必要があるわけですが、この「カエル」と「数字」の関係を結ぶところに「暗默知」が存在せざるをえないのです。つまり、ある物体を数字に置き換えるにはそれを可能にする「暗默的な了解」（媒介）が存在し、それなしには置き換えられないのです。

「暗默知」こそが物事の理解において最も重要

ここまでの話から、我々が目指すべき思考は〈厳密に非個人的な基準を探し求める〉という科学的な思考を目指すことではありません。むしろ、〈隠れた何かを考察する〉思考にこそ一段上の思考があるのです。言い換えれば、レベルの高い思考方法とは〈他の人間が微塵も感づきえないような何かを考察することでもある〉わけです。

ここに書かれていることは一見矛盾したことをいっているように見えるかもしれません。なぜなら、認識できないことについて考えろといっていますからね。しかし、ポランニーが述べていることは重要です。いまだ認識されずにいるけれど存在している「知」を探求することこそが、新たなイノベーションを起こす可能性を秘めているといえば、おわかりいただけるでしょうか。

では、この「暗黙知」にどうすればたどり着けるのでしょうか。一般的なビジネス書でいえば、「ビジネススクールに通いなさい」といった話になるのでしょう。しかし、私はこれに答えるのは容易ではないという立場をとります。その理由は単純で、「どうやって」近づけるかが今の時点で説明できれば、それはもう暗黙知ではないからです。マニュアル化できないからこそ「暗黙知」なのです。

ただし、ポランニーの主張から1つだけいえることがあります。今、巷でいわれている「客観的」なものには常に何かが隠されているのであり、我々がその言葉に期待するような「完全性」は持ち合わせていないということです。それゆえに、隠された何かを探求する労をとる必要があるのです。

title: 07 人類は本当に進歩しているのか？

ホルクハイマー、アドルノ著、徳永恂訳**『啓蒙の弁証法：哲学的断想』**岩波文庫、2007年

「我々は本当に進歩しているのだろうか？」

時々、我々の頭に浮かぶ疑問です。

確かに、我々の予想を上回る勢いで現代は豊かになってきました。

たとえば、インターネットのおかげで、今やスマートフォンさえあれば音楽も聴けて、映画も観られて、誰にでもすぐ連絡をとることが、場所を問わずできるようになりました。

インターネットだけではありません。ここ数百年でも、自動車や飛行機が生まれて高速で移動できるようになりました。また、医療技術が発達することで人間の寿命は2倍近くにもなりました。

ですが、めまぐるしい進歩の中で現代人はどこか不安感を抱いています。たとえば、インターネットのおかげで個人が発信力をつけることができるようになりましたが、これにより、ネット空間がなければありえなかったであろうような薄汚く、心ない言葉が広範に可視化されるようになりました。

確かにテクノロジーの分野では進歩かもしれませんが、人間性という部分では退化しているようにも感じます。そんな人間の進歩についてヒントを与えてくれる本が、ホルクハイマーとアドルノの『啓蒙の弁証法』です。

進歩の原動力とそれに対する違和感について

我々の進歩の原動力が何であったのか。

端的にいえば、自然に対する恐怖を克服することにありました。事実、その恐怖を克服し、人間が自然に対して主導権を握ることを「進歩」（啓蒙）と呼んできました。2人の著者は、〈古来、進歩的思想という、もっとも広い意味での啓蒙が追求してきた目標は、人間から恐怖を除き、人間を支配者の地位につけるということであった〉と指摘しています。進歩の思想により人間の恐怖する対象が次々となくなり、人間がまるで世界の支配者に位置するようになったのです。

たとえば、病気のときに、昔であれば祈るだけでしたが、現代ではどうでしょうか。科学の力で病の原因を発見し、多くのケースで病を完治できるようになりました。自然の摂理に逆らい、生き続けることができるようになったのです。

では、多くの面で自然を支配することに成功し、豊かな生活が送れるようになったのに「本当に進歩しているのか？」という疑問が湧くのはなぜでしょうか。

その理由は、おそらく、「進歩」（啓蒙）が牙を向きはじめていることに我々が気づいたからだと同署では述べられています。具体的には〈神話は啓蒙へと移行し、自然は単なる客体となる〉ことによって、〈人間は、自己の力の増大を図るために、彼らが力を行使するものからの疎外という代価を支払う〉と記述されています。これまで自然の摂理を説明していた神話が進歩思想に置き換わり、自然を神秘的なものではなく扱いの対象としたのです。

ここで気になるのが、「疎外」がどういう問題を引き起こすのかという点です。それは、思考の硬直化をもたらすのだというのです。つまり、〈疎外された理性はある社会を目指して動いていく〉わけですが、〈その社会とは、物質的、知的機構として硬直化した思考を、解放された生命的なものと宥和《ゆうわ》させ、思考の真の主体として硬直化した思考を、社会そのものへと関連させるような〉ものだといいます。

多少表現は難しいですが、いっていることは単純です。思考から多様性が枯渇し、単一化した形にまとめ上げられてしまうのです。

しかし、この「進歩」という概念も結局は自分たちの頭でつくった神話の1つでしかありません。〈啓蒙によって犠牲にされた様々の神話は、それ自体すでに、啓蒙自体が造り出したものであった〉と述べているように、自分たちが賢くなったことでオカルトから脱出したという見方は誤りなのです。別の（進歩という名の）オカルトに乗り換えたにすぎないのです。

「進歩」を絶対視するとどうなるのか

まとめますと、人類は自らを開発し、「賢くなった」ことで、神話による洗脳状態を脱出したと考えられてきました。そして、これを「進歩」と名付けました。

しかし、そのことによって不合理なものから解放されたわけではありません。「進歩」という別の神話に取り込まれたのです。

「進歩」という観念が我々のイメージするような進歩ではないことは幾多の例が示しています。

その代表例が「反ユダヤ主義」です。「反ユダヤ主義」といえば、20世紀ドイツを筆頭に多くの人々が信じた偏見です。たとえば、ユダヤ人は裏で世界を支配していて、ユダヤ民族を滅ぼさないと我々がやられるという物語は有名です。

> ファシストたちにとっては、ユダヤ人はマイノリティではなくて敵性人種であり、否定的原理そのものである。彼らを根絶やしにすることに世界の幸福がかかっているというのだ。

最終的に、我々の幸福を阻害しているユダヤ人を殺すところまでいきました。有名なナチスのホロコーストです。

このようなユダヤ陰謀論は極めて「不合理なもの」です。神話から解放され、「合理的」に判断できる人間世界が誕生したのであれば、なぜこのようなイデオロギーが発生するのでしょうか。

このイデオロギーが、中世の見せしめのための殺しとは比較にならないほどの大量殺戮を引き起こしました。理性により啓蒙された人間が「前進した存在」だとするならば、このようなことが生じた説明がつきません。

理由は、神話を打ち崩した啓蒙が神話を信仰していたときよりも危ない何かを含んでいると考えるしかありません。そして、それは人間理性に妄信しながら行う外界認識なのです。

進歩史観を生み出す最大の要因

こういう進歩史観を抱く我々が救われる方法はあるのでしょうか。

もちろん事態は深刻ですが、これに対する提案は「自分が正しいと思っている価値観が誤っている可能性を考え続ける」ことです。

そして、あらゆる不合理なものから逃れた「自然な存在」が、最も危険だと著者は指摘します。

文明によって完全に捉えられた自己は、文明が当初から脱け出そうと努めてきたあの非人間性の一要素へと解体する。自分の名前の消失を憂える大昔からの憂慮は現

> 実のものとなる。動物的であれ植物的であれ、純粋に自然的な存在は、文明にとって絶対的危険となった。

自分自身が文明に溶け込んで、科学のように人間的要素を排除する方向へ進みます。そして個性がなくなり統一的な論理が支配的となるのです。

結局、宗教を信じないことや魔女狩りをしないことは、我々の進歩の結果ではないのです。「科学的」や「論理的」という膜を被っただけで、荒唐無稽な思想に今も流されています。

そのことを自己認識することが必要なようです。

> そこから（中略）出てくるのは、科学的なふりをしながら思考力を奪い取る、さまざまの宿命論的宗教団体や万能薬である。

ところで、著者は、人間を誤認させた最大の要因として興味深いものをあげています。

それは生半可な教養です。中途半端に利口であることは、本当のバカよりも危ないといっているのです。

なぜなら、限られた知識を真理として常識化してしまうからです。

生半可の教養は、たんなる教養のなさとは反対に、限られた知識を真理として実態化するものであり、内と外、個人的運命と社会的法則、現象と本質との忍びがたいまでに高められた分裂に耐えることができない。

そうはいっても自分の知識量が生半可か完全かなんてわかったものではありません。偉そうなことをいっている私も幾度となくいかがわしい宗教や商売、金融商品などに騙された経験があります。

そういうダメ人間がこの書籍に依拠して伝えられる教訓としては、自分自身の進歩を疑わないスタンスはかなり危ないということです。

適当に「俺ダメ人間！」くらいの感覚で生きていったほうが、実はいいのではないかと近頃思うようになりました。

世の中自体は大きく変化し「進歩」しているにせよ、人間はそれほど昔から変わってないのです。

第2章 ある意味、スゴ～イデスネ!!

*日本人について

title: 08

なぜ日本人は「村社会」をつくりたがるのか？

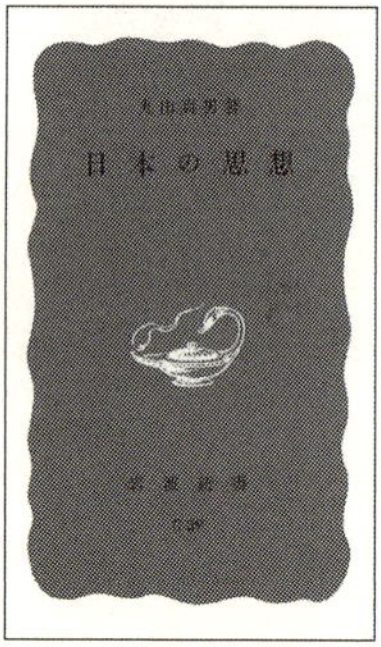

丸山真男『日本の思想』岩波新書、1961年

「うちの部署では新人は○○をするのがルールです」

「うちのサークルでは○○をするのがルールです」

これらの言葉は我々が新しいコミュニティに入ったときによく聞く言葉です。私も大学時代に「テニスをする」と聞き、ついていった新歓コンパで日本酒を一気飲みするのが「ルール」だといわれて度肝を抜かれたものです。嫌がろうがなんだろうがお構いなしでとにかく飲めという嘘のような本当の話が「ルール」を担っていたのです。

今のは単なる私の経験談ですが、あなたも各共同体がつくる「ルール」を聞いてとまどった経験はあるのではないでしょうか。もちろん、そのルールが理にかなったものならいいのですが、意味のわからないルールであることが少なくありません。しばしばこの状態を揶揄して「日本人はすぐ村社会をつくる」といわれることもあります。

さて、この日本人の伝統芸能ともいえる「村社会」の形成をテーマに、共同体の「不合理なルール」がいかにして生成されるのかを指摘した本が、丸山真男の『日本の思想』です。

丸山真男は戦後で最も著名ともいえる日本人分析の第一人者ですが、彼はこの本の中で「村社会」を生み出す日本人を理解するためのヒントを与えてくれています。

「村社会」をつくる理由

日本人が村社会をつくり、各共同体で不合理なルールをつくる理由を見ていきます。丸山はその理由として、次のように述べています。

> 一言でいうと実もふたもないことになってしまうが、（中略）自己を歴史的に位置づけるような中核あるいは座標軸に当る思想的伝統はわが国には形成されなかった、ということだ。

欧米にはキリスト教があり、共産主義国家にはマルクス主義という主軸がありました。良くも悪くもそういう一貫性を持った思想が日本にはなかったことを彼は「日本の思想」として述べているのです。

もちろん、これは何も思想がなかったということを意味しません。日本人にも伝統的な思想として「神道」がありました。しかし、「神道」はその他の宗教とは根本的に異なるものでした。神道の最大の特徴は「無限抱擁」です。つまり、どういうものでもウェルカムという思想です。

「キリスト教」や「マルクス主義」の立場とは異なるため、これらの思想的立場からすれば神道は「思想」と呼ぶに値しないかもしれません。

「神道」はいわば縦にのっぺらぼうにのびた布筒のように、その時代時代に有力な宗教と「習合」してその教義内容を埋めて来た。この神道の「無限抱擁」性と思想的雑居性が、さきにのべた日本の思想的「伝統」を集約的に表現していることはいうまでもなかろう。

つまり、「神道」は他の宗教と交わります。そして、その交わって共存する神道的なあり方が日本の思想となっています。

例を挙げると、日本ではお盆に仏教の経典を読み、冬になればクリスマスパーティーを楽しみ、年が明ければ初詣に行くという思想的に一貫性のない行動をとります。これは外国からすると不可思議な現象です。なぜなら、信仰対象の浮気を平然と行っているからです。しかし、こういった「支離滅裂さ」もそれ自体を「論理」とすることが神道的伝統だと理解すれば腑に落ちます。

この「あらゆる思想を受け入れる」という思想は本題の「村社会」の話につながります。なぜならば、「神道」のこの考えは「思想的雑居性」を容認するからです。

このようなオープンな思想的背景が、「村社会」のように非常に狭い領域でしか通用しない論理が生き残ることにつながるのです。

たとえば、○○銀行や△△証券では、当たり前のように人権意識のかけらもない理不尽なルールが社内でまかり通ります。毎日のように裸踊りをしている新人を見れば、あなたもきっと恐怖するでしょう。しかし、そういったところにいる人は不思議なことに外部の人間に対して同じことを強要しようとはしません。あくまで、その理不尽さは特定の領域においてのみ通ずると無意識的に理解しているからです。
このような使い分けを器用にできるのがなぜなのかと考えたときに、それが日本思想の伝統だからだと丸山は述べているのです。

体系化を嫌う国民の統一をいかにするのか

この神道の思想的スタンスは、「あらゆるものに寛容」という良い意味で語られることが多いのです。しかし、この寛容さは、同じ国の国民が何ら同じ座標軸を持たない不統一性を生み出します。実は、明治政府が近代国家建設にあたってこの思想的スタンスにかなり手を焼きました。明治政府は解決策として欧米を参考にしたものの、同じ形で各種制度を導入できませんでした。

たとえば、最高法規である憲法を天皇から国民全員に与えたものとして発布した事実に、その一端を見ることができます。

明治憲法が欽定憲法でなければならぬ所以は、決して単に憲法制定までの手続きの問題ではなく、君権を機軸とする全国家機構の活動を今後にわたって規定する不動

――の建前であったのである。――

通常、憲法は歴史的に国民が統治権力に約束させるものです。マグナカルタからの流れを見ると、欧米では王政に歯止めをかけるべくして誕生しています。それゆえ、欧米では憲法を王から発布したという意味合いはありません。

しかし、日本では統治権力側から憲法を発布するという形をとったのです。欽定《きんてい》憲法は政治思想の伝統を踏まえれば意味のわからないものです。

ただし、この手続きをとった理由はここまでの丸山の話を理解すれば見えてきます。

つまり、明治憲法を天皇から国民に与えるという形をとることで、当時の天皇を思想的主軸とした統治を行おうとしたのです。神道というあらゆるものを受け入れてしまう日本において、皇室以外に国民の統一を保証するものがなかったからです。

不合理なルールに縛られないために

ただ、明治政府の近代天皇制を活用した国民統合は良い方向には働きませんでした。長年の蓄積もあり、思想の雑居性と異質な者を排除するという側面を残したと丸山は指摘します。

日本の近代天皇制はまさに権力の核心を同時に精神的「機軸」としてこの事態に対処しようとしたが、國體《こくたい》が雑居性の「伝統」事態を自らの実態としたために、それは私たちの思想を実質的に整序する原理としてではなく、むしろ、否定的な同質化(異端の排除)作用の面でだけ強力に働き、人格的主体――自由な認識主体の意味でも、倫理的な責任主体の意味でも、――の確立にとって決定的な桎梏《しっこく》となる運命を初めから内包していた。

伝統思想と輸入思想の悪いところが合わさったところでは述べられています。本来目指していた理想は、思想的寛容さを保ちながらも、体系的思考を自らのうちに持つことだったはずです。しかし、自己自身の思想に対する認識が不足していたため、これらの両立は達成できなかったのです。

なぜなら、〈雑居を雑種にまで高めるエネルギーは認識としても実践としてもやはり強靭な自己制御力を具した主体なしには生まれない〉からです。思想的雑種として浸透させるには国の強力な自己統制力が必要なのです。

丸山の主張が我々に教えるのは、思想への認識力を高めなければ、不合理なルールを嫌悪する我々自身も不合理なルールに縛られるということです。

要するに、丸山がこの著書の中で伝えようとしたことは、日本人は自我にはっきりとした独立性を与えられていないという意味で、「近代化が不十分である」というものでした。ゆえに、それを完遂することが〈私達の「革命」の課題である〉というのです。

ただし、「完遂する」ということは測定のバロメーターがない以上、難しいということは彼も認識していました。だから、丸山が重視したのは「結果」ではなく「過程」です。

彼は著書の中で〈自分は自由であると信じている人間はかえって、不断に自分の思考や行動を点検したり吟味したりすることを怠りがちになるために、実は（中略）偏見からもっとも自由でない〉と述べました。その一方で、〈自分が「捉われている」ことを痛切に意識し、自分の「偏向」性をいつも見つめている者は、何とかして、ヨリ自由に物事を認識し判断したいという努力をすることによって、相対的に自由になり得る〉と訴えたのです。

まず我々は、「多様性が大事だ」云々以前に、今の自分がいかなる偏見に縛られているのかを認識し、体系化できることを目指す必要があるのです。

title: 09
日本人はなぜ「空気」を読もうとするのか？

山本七平『「空気」の研究』文春文庫、1983年

「あの人は空気が読めない」

これは、多くの日本人が言われると傷つく言葉です。

私は、無意識に空気が読めないことも多いため「空気を読め」といわれて傷つく人生を歩んでいます。「読めねえんだもんしょうがねえじゃん」と思いつつも、行くところ行くところで「空気」が重要視されているのを見ると、これは日本人の習性といってもいいのではないかと感じるわけです。

今述べたような、日本人の「空気」について鋭く分析した1冊があります。山本七平の『「空気」の研究』です。

「空気を読む」ということをとにかく日本人は重視しますが、彼によれば、この言葉は日本人の特徴と弱点を顕著に表しているといいます。

「空気」とは何か

山本がテーマにした「空気」が何かについて見ていきましょう。まず、「空気」とは、想像以上に強い力を持っています。日本人はよく〈「その場の空気も知らずに偉そうなことを言うな」「その場の空気は私が予想したものと全く違っていた」等々、至る所で人々は、何かの最終的決定者は「人でなく」空気である、と言っている〉のです。

この「空気」のせいで、日本人は歴史上悲惨な目に何度もあってきたと彼はいいます。その最たるものが戦艦大和の出撃です。撃沈することになった戦艦大和ですが、あの出撃も「空気」で決まったと山本は考えているのです。

「文藝春秋」昭和五十年八月号『戦艦大和』でも、「全般の空気よりして、当時も今日も（大和の）特攻出撃は当然と思う」（軍令部次長・小沢治三郎中将）という発言が出てくる。この文章を読んでみると、大和の出撃を無謀とする人々にはすべて、そ

れを無謀と断ずるに至る細かいデータ、すなわち明確な根拠がある。だが一方、当然とする方の主張はそういったデータ乃至根拠は全くなく、その正当性の根拠はもっぱら「空気」なのである。従ってここでも、あらゆる議論は最後には「空気」できめられる。

ここでは、戦艦大和の出撃に反対派の人たちは、多くの出撃すべきではないというデータを提示したのに対し、賛成派はそれらを一蹴して「空気」により出撃を判断したということが読み取れます。

国の存亡をかけることにまで「空気」という曖昧なもので意思決定されていたというのは驚きです。

どうやら「空気」というものは、せいぜい一発芸を強要されて「やらないと空気壊すかな?」と感じる程度のものではないようです。

ではこれほどまでに強力な「空気」とは一体何でしょうか。これについて山本は2つの角度から定義します。

まず1つ目が、〈空気が醸成される原理原則は、対象の臨在感的把握である〉というものです。

「臨済感的把握」という言葉は、あまり聞きなれない言葉ですが、〈対象への一方的な感情移入による自己と対象との一体化であり、対象への分析を拒否する心的態度〉ということです。つまり、対象に感情を投影し、その対象が実際にできるかどうかを冷静に検討できなくなっていることをいっているのです。

たとえば、仏像を銅の塊だといえば、仏教を信仰する人に怒られます。怒られる理由は仏教を信仰する人はその銅の塊が人間を救うものとして臨在感的に把握しているからです。

もちろん、これ自体は悪いことではありません。臨在感的把握が社会の安定に寄与する面も多々あります。しかし山本は、日本人は臨在感的把握をあまりにも重視するために、歴史上多くの過ちを犯してきたと主張しているのです。

「空気」を読む日本人の弱点

なぜ日本人は臨在感的把握をそこまで重視するのでしょうか。

理由は「空気」が持つ2つ目の側面から見えてきます。

「空気」による支配の特徴として、〈「対立概念として対象を把握すること」を排除する〉

のです。端的にいえば、他と見比べて判断することを許さないのです。

なぜなら、〈対立概念で対象を把握すれば、たとえそれが臨在感的把握であっても、絶対化しえないから〉です。もう少しわかりやすくいうと、対比的に物事を考えることができれば、臨在感的把握を行っても、臨在感的把握の対象が絶対に正しいということはなくなるということです。日本人はこの相対化による分析的思考が苦手なため、特定の対象を過剰信仰してしまうのです。

これには、日本が多神教国家であることが背景にあります。一神教国家の場合、神が〈「絶対」と言える対象は一神だけだから、他のすべては徹底的に相対化され〉ます。それゆえ、ある特定の対象を臨在感的に把握したところで冷静になれるのです。

一方で、日本のような万物に神が宿ると考える国では、あらゆるものが「絶対化」されると山本は主張します。

一方われわれの世界は、一言で言えばアニミズムの世界である。この言葉は物神論(?)と訳されていると思うが、前に記したようにアニマの意味は〝空気〟に近い。したがってアニミズムとは〝空気〟主義と言える。この世界には原則的に言えば相

対化はない。

一神教は他の神を受け入れず戦争ばかりしている印象がありますが、物事は一長一短です。多神教の場合、あらゆる価値観に寛容的になり、それゆえにある対象や思想が「絶対化」されやすくなるのですが、それはつまり、危険思想を安易に取り入れてしまうという可能性があるともいえます。

いかにして弱点は克服されるべきか

歴史的に根深い「空気」の支配ですが、「空気」重視の風潮を克服する方法はあるのでしょうか。山本は「空気」の支配からの脱却を次のように述べています。

まず〝空気〟から脱却し、通常性的規範から脱し、「自由」になること。この結論は、だれが「思わず笑い出そう」と、それしか方法はない。そしてそれを行いうる前提は、一体全体、自分の精神を拘束しているものが何なのか、それを徹底的に探求することであり、すべてはここに始まる。

この記述からいえるのは、まず自分たちが何に支配されているのかを把握することが重要だということです。それを把握できれば、相対化ができ、根拠なく何かを妄信しなくなります。それと同時に、「空気」に対して事実をいうことも彼は重視します。

従って今振り返れば、戦争直後「軍部に抵抗した人」として英雄視された多くの人は、勇敢にも当時の「空気」に「水を差した人」だったことに気付くであろう。従って「英雄」は必ずしも「平和主義者」だったわけではなく、〝主義〟はこの行為とは無関係であって不思議でない。「竹槍戦術」を批判した英雄は、「竹槍で醸成された空気」に「それはB29に届かない」という「事実」を口にしただけである。

つまり、空気を読まず事実を突きつけることです。ただ、山本の言い方を尊重するならば、事実を突きつけて別の空気を醸成することで対抗するというほうが近いかもしれません。これについては次のように述べられてます。

「自由」について語った多くの人の言葉は結局「いつでも水が差せる自由」を行使し得る「空気」を醸成することに専念している。

山本が意図するのは、正しいと考えることを読み上げるだけではダメだということです。現実的に実現しうる権威は何かも考えなくてはなりません。

たとえば、「我々の国は長年多神教だったが、空気の支配を防ぐために明日から一神教にしよう」というのは、さすがに荒唐無稽で現実味に欠けています。それゆえに、現実的にできるのは、多様な思想に触れることを通して、「空気」を絶対的に正しいものとせずに相対的に観察することを意識し、適度に「水を差す」ことを心がけることです。

しばしば、「思想」を学ぶというと「そんなものなんの役に立つのか」とよくいわれるものです。私も「おいバカ。そんなもん学んでも1円にもならんぞ」といわれたものです。しかし、そういう発言をする人がいう「役に立つ」という言葉も、なんらかの思想をベースにしていることを忘れてはなりません。彼らもまた「空気」をつくろうとしているのです。「空気を破壊する」のではなく、自分と相手がどのような思想に傾倒しているのかを1つずつ明らかにし、空気を「相対化」する訓練が今求められているのです。

title: 10

なぜ人は差別的な言動をするのか？

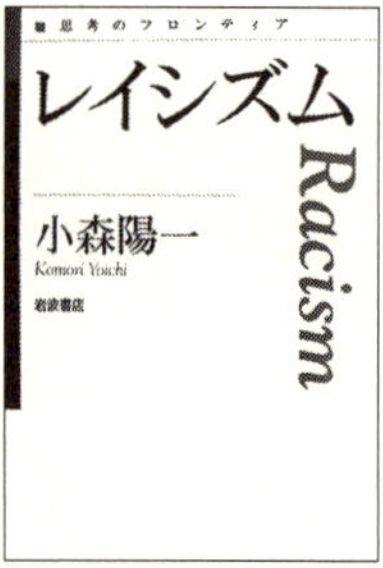

小森陽一『レイシズム』岩波書店、2006年

数年前のことです。「もはや国境や国籍にこだわる時代は過ぎ去りました」とある政治家が公の場で発言しました。「グローバル化」の中で人、物、金が自由に行き来する時代になったことを踏まえての発言だったのでしょう。

しかし、現実の世界では、国境や国籍にこだわる潮流は本当になくなったのでしょうか。むしろ、トランプ大統領の誕生やイギリスのEU離脱などの例は、多くの国で国境や国籍にこだわる思想が強まっていることを感じさせます。そして、寛容になるどころか多くの国で排外主義的な言動や行動が目立つようになってきています。

日本人は多神教でなんでもウェルカムといった認識も少なくありませんが、隣国に対する記事のヤフコメを見れば「どこがなんでもウェルカムなのか？」と疑問を持たざるをえません。「在日」「支那」といった言葉を蔑視の意味で使うのがその典型です。

そういった時代の流れを鑑《かんが》みると、今改めて「なぜ差別的な言動を人間はするのか」を考えることは重要です。特に、「私は差別などしない」とお考えの方にこそぜひ手に取っていただきたいのが小森陽一の『レイシズム』です。

小森は文学者として主に近代文学の分析から我々の価値観の源泉などを研究しています。本書はその研究テーマとして歴史に根深く残っている差別意識の底流を探求したものです。

誰が差別的な言動をするのか？

まず気になるのが、どういう人が差別的な言動をするのかということです。おそらくこれを読んでいただいているほとんどの方が〈自分は加担していないと、（中略）確信している〉でしょう。

私たちが「人種差別主義」にからめとられていない、という保障はないということを改めて確認しておく必要がある。

逆に危ないのは、〈「人種差別主義」が、よくないことであるという、正しさのレベルで問題を捉えている〉人たちであり、それについて深く考えない人たちほど差別的言動に加担する可能性があるのです。

ちなみに、小森が「正しさ」のレベルで問題を捉えるのでは不十分と考えるのは、それが差別主義の論理ではなく、〈気分・感情のレベルで作動しているため〉です。「正しさ」を論理で計ろうとするにもそもそも論理的ではないためどうしようもないという話です。

おそらくマッキンゼーのコンサルタントよりも差別主義者を論破するほうが大変でしょう。

だからこそ、すでに〈「生物学」的な「人種差別主義」の論拠が、20世紀後半においてほぼ全て論破されたはずであるにもかかわらず〉、今日の日本でも差別は明らかに存在します。ここが差別問題の難しいところです。

「はい論破！」できるものではないがゆえに、誰もがそれに加担しうるのであり、これを書いている当の私も該当している可能性があるのです。

差別的な言動のメカニズム

では、「差別はいけない」とほぼすべての人が理解していながら、差別的な言動がさまざまな場面で発生する理由は何でしょうか。

これについて知るには、〈私たちの中に拭い去ることができない形で発生する、異質性嫌悪の感情〉に注目しないといけません。

この嫌悪感が生じる理由は、〈よく知らないはじめて出会う他者に対する、理解していない、という思いから発生するおびえに根ざしている〉からです。ここで気になるのは、なぜそういった異質な他者に対して「怯え」を感じてしまうのかということです。おそらく、その感覚は正しく、この点が差別の起源を理解する上で重要なポイントなのです。

著者はその答えとして〈他者から攻撃されるかもしれないという危険と不安〉を感じるからだという理由をあげます。

ここで押さえるべき点は、この理由を我々に納得させる前提にあると述べます。その前提とは、〈自分の側に他者に対する攻撃性と暴力性が内在していることを知っている〉という認識です。この認識は〈言葉を操る生きものとしての人間の脳ではなく、動物の脳において、他者との関係を判断してしまう〉ときにしばしば見られるといいます。

端的にいうと、差別は、理性的思考ではなく動物的思考で自らが持つ攻撃性や暴力性を相手も無条件的に持っていると判断するときに生まれると考えているのです。そして、人間は言語がないと暴力の他に他者とコミュニケーションする媒介がないと述べている点も重要です。〈言葉を操る生きものとしての人間は、言葉を他者との間に介在させることで、暴力以外の他者との関係を構築することを可能に〉してくれるのです。

そして、これこそが〈社会性を強化し、他の生き物に対する優位性を長い時間をかけて作り出してきた〉ものだというわけです。

差別的な言動を抑制する方法

では、最後に、我々が差別的な行動をとっていないか確認するにはどうすればいいのでしょうか。

人種差別主義を克服する営為は、それぞれの言語システムの中で、「自明」のこととして使用されている、肯定と否定の価値評価を伴った、言語相互の結合関係の網目全体に対して、「なぜ!?」という問いを発し続け、その耐久性を検証することなのだ。

つまり、「なぜ」その判断を我々はしているのかということを絶えず「思考」し続けることが重要なのです。そして、〈言語相互の結合関係の網の目全体を転覆する勇気（中略）を持つことをためらわないこと〉が大切です。「なぜ」と問うには、言語による価値判断を覆すほどの勇気が必要なのです。

一方で、「言語」というのはコインの裏表のようなもので、社会で受け入れられている意味を自らの中で受容しなければ集団の一員として生活をするのが困難になります。たとえば、あなたの友人がしゃべるたびに「その言葉はなぜそのように使うんだい？」といってくることを想像してみてください。「こいつ気でも触れたのか？」と思わざるをえないでしょうし、ずっと続けられようものならコミュニケーションをとれないやつと見なさざるをえないでしょう。

こう考えると疑うべきところと疑うべきでないところの線引きがかなり難しいということがおわかりいただけるでしょう。

ただし、小森の主張として心に留めておくべきことがあります。それは、子供の場合はこういった言葉の意味チェックが日常的に行われているのに対して、多くのことを吸収し老成した大人ほどその機会が少なくなっているということです。

だからこそ、差別主義は大人になれば減るようなものではなく、むしろ年長者のほうがパワハラだの女性蔑視だのを無意識にやっているような例が散見されるのです。年を重ねるほど自分の言葉の使用には意識を高く持つ必要があるようです。

title: II
中国や韓国への差別意識はどこからきたのか？

杉田聡編『福沢諭吉　朝鮮・中国・台湾論集：「国権拡張」「脱亜」の果て』明石書店、2010年

「韓国とは早く国交を断絶しろ」
「中国人にはろくな連中がいない」
「早く朝鮮半島に帰れ」

我が国では、冒頭のように中国や韓国に対して好戦的な態度をとる人がいます。ここに書くのもはばかられるような憎悪に満ちた発言は他にも山のようにあります。一般人だけではなく、著名な評論家や政治家でさえ韓国や中国に対して差別意識丸出しの発言をすることが当たり前となっています。

たとえば、某政党には「韓国には法の支配や道徳、倫理が通用しないので理が通用しな

い」という趣旨の発言や、チマチョゴリという朝鮮半島の民族衣装に対して「品格に問題がある」という差別発言をする政治家が複数人所属しています。

もしかすると、これを読んでいただいている方の中にも無意識的に中国や韓国は「ろくでもない国だ」と思っている方は多いのではないでしょうか。

ここまで特定民族を蔑視するのは過去に相当な恨みを残す出来事があったからでしょうか。仮に、過去の歴史での怨恨《えんこん》が理由ならば中国や韓国にこだわる必要はありません。

たとえば、アメリカに対して日本は第二次世界大戦で負け、多くの戦死者を出しました。「やられたことへの恨み」ならば、アメリカに対して憎しみを持つほうが納得できます。

しかし、好戦的な態度のほとんどは中国と韓国に対して向けられます。

実は、中韓に対する差別意識は最近生まれたものではありません。少なくとも、明治初頭には生まれていました。つまり、我が国の歴史的な思想といえるのです。

この悪しき伝統である中韓に対する差別意識の原点を知ることができるのが、杉田聡が編集をした福沢諭吉の論説集『朝鮮・中国・台湾論集』です。杉田は帯広畜産大学の教授で思想・哲学を専門としていますが、中でも福沢諭吉の研究に力を入れている方です。

福沢諭吉といえば我が国の1万円紙幣に長らく在籍し、左派右派問わず人気の人物です。

私自身、彼を批判的にいう人をあまり見たことがありません。そんな福沢ですが、この書籍を読むと評価が変わります。福沢の本性はあまり認識されていませんが、中韓への差別意識丸出しの帝国主義者でした。彼が過度に美化されているというのは、我が国が思想史において中韓への差別意識と向き合ってこなかったことを裏付けるものといってもいいかもしれません。

差別意識とは、それが意識されない限り反省は生まれません。本書を通して、日本の知識人の筆頭として無批判に賞賛されている福沢諭吉への美化を卒業し、中韓への差別意識を反省する第一歩を踏み出すのがいいかもしれません。「自分には差別意識がない」と思っている人に特におすすめです。

中韓への侵略を正当化した福沢のトンデモ理論

まず、この書籍の前提ですが、この書籍は福沢が「時事新報」という当時の大手メディアで連載していたコラムを集めたものです。

このコラムを通して、福沢は中韓への侵略に向けた世論形成をはかっていたことが読み取れます。

もちろん、今日に限ったことではなく、明治でも普通に「侵略しよう」という発言は国民感情として受け入れられるものではありません。それゆえ、福沢はメディアでの連載を通して、国民感情を侵略賛成の方向へと誘導したのではないかと考えられています。その論法は無茶苦茶なものばかりですが、一例としてどのように彼が中韓への侵略を正当化したのかを見ていきます。

まず、福沢は中韓への侵略の正当化のために、「中韓は未開の国であるから、その国を改革するために、我々が武力で介入するという選択を取らざるをえない」という論理を展開します。

朝鮮に出兵したるは、あえてその兵を用ゆるの意あるにあらず。あたかも封建の武士が、百姓・町人に接するに帯刀の必要あると同様にして、これを抜いて人を切らんとするがためにあらざれども、彼のごとき未開国に対して、文明の真味を嘗めしめ、その国内の改革を促さんとするには、自ずから帯刀してこれに臨むの必要ありとは、前にも記したるがごとくにして、読者においては、その意を解せられたることとならん。

ここで述べられているのは、「武士が百姓・町人に刀を振るうようなことはないけれど、朝鮮という未開の国には、文明の威を味わわせ、改革を促すために刀を振るう必要がある」ということです。

このような発言を福沢がしていたのは、世間一般のイメージからは受け入れ難いかもしれません。しかし、この論理は何度も展開されています。

他にも似たような発言があり、別の箇所では「本来独立した国には他国を巻き込んで自衛を促すべきであるが、このままだと自立できず国勢も覚束ないので、東洋全体の恥である。これから日本国が力を与えて、時勢を見て攻撃の手を下すのもやむをえない」という趣旨のことを述べています。そして、福沢はこの話につなげて、武力による侵攻があくまで人類の幸福と文明の進歩のためなのだと強く主張します。

ゆえに今回の出兵は、決して弱者を圧してその国土を併呑するがためにあらず。ただこれに臨むに兵をもってして、彼をして国内百般の施設を改革せしめ、その弊政の源を除いて、真実〔真に〕開国のことを行わしめんとするまでのことにして、人

類の幸福、文明の進歩のために、至当の天職を行うものなり。

彼が、人類の幸福のために侵略するという「トンデモ」論を公然と書いていたというのは驚きではないでしょうか。

福沢の差別意識の根っこ

では、彼の差別意識には何か理由があるのでしょうか。

それを端的にいえば、歪んだ愛国心です。たとえば、朝鮮半島への侵略を行わなければ我が国が滅びる可能性すらあると発言している箇所があります。左記は1894年の日清戦争開始直後に寄稿された文書です。

今度の戦争は根本より性質を異にし、日本国中一人も残らず一身同体の味方にして、目ざす敵は支那国なり。わが国中の兄弟・姉妹四〇〇〇万の者は、同心・協力してあらん限りの忠義を尽くし、外にある軍人は勇気をふるって戦い、内に留守する〔止まる〕われわれは、まず身分相応の義捐金するなど、差し向き〔さしあたり〕の勤めなるべけれど、こと切迫に至れば、財産を挙げてこれを投げ打つ〔差し出す〕はもちろん、老少の別なく切り死にして、人の種の尽きるまでも戦うの覚悟をもって、ついに敵国を降伏せしめざるべからず。

福沢は、内戦であれば賛成・反対の対立があるのは当然だが、日本自体の危機となればそんな争いをしている場合ではなく、みんなが一致団結して侵略に賛成するべきだと述べています。

ここで自国の脅威と朝鮮半島の侵略に因果関係を見いだせない方もいるでしょう。確かに無茶苦茶なのですが、福沢の中では以下のような形で正当化されています。

ゆえに日本島を守らんと欲する者も、ただ日本島にのみ防御の手当てを限らず、箱根を扼《やく》し観音崎を囲むるの例にならいて、遠く日本島外の地にまで防衛線を張り、早くも日本島外の地において敵の侵入を食い留むるの工夫、肝要なるべし。いま日本島を守にあたりて、最近の防御線を定むべきの地は、かならず朝鮮地方たるべるや疑をいれず。

日本列島を守るには朝鮮半島を含めた防衛線を張る必要があると書かれています。

実は、同じことを考えていた人物が他にもいます。それは吉田松陰です。松陰の場合も朝鮮半島も含めた周辺国に侵略をかけ、そこを支配することで我が国は守られると主張しています（『幽囚録』）。なかでも〈朝鮮半島は日本の領土であるとの妄想を唱え、アジア侵略論を鼓吹した〉ということも松陰の書簡などから明らかになっています（広瀬隆『日本近現代史入門　黒い人脈と金脈』集英社インターナショナル）。

福沢にしても松陰にしても、もしかすると本人たちは純粋に国を思う気持ちからこのような発言をしていたのかもしれません。しかし、現実問題として侵略をも正当化する論理を生み出しているところは恐ろしいといわざるをえません。

「正しい歴史を知っている」という人間ほど危ない

おそらく、ここまでの話から次のように考える人がいるはずです。「確かに福沢や吉田はやり過ぎかもしれない。しかし、中韓はやはり無茶苦茶ではないのか」と。

それについて、私は中韓に常に理があると申しているわけではありません。ただ、批判するのであれば「意見」を批判すべきであり、「民族自体」を批判するべきではないという立場です。

よく韓国とのトラブルで「相手が韓国人だから」という理由で成り行きを解釈する人がいますが、これは「批判」ではなく「中傷」です。「人間としてクズである」といってもいいでしょう。このような歪んだ考え方には自国に都合のいい歴史認識がその裏にあるのかもしれません。常に日本が正しく、中韓が常に間違っているという認識を積み上げたがゆえの発想です。

まさに、本節で取り上げた福沢諭吉の歴史観も「中韓への差別意識」が隠蔽されている好例だといえます。自国に都合の悪い歴史を「自虐史観」といって隠蔽している間は、差別意識は解消されないでしょう。

title: I2

愛国心とは何か？

幸徳秋水著、山田博雄訳『二十世紀の怪物　帝国主義』光文社古典新訳文庫、2015年

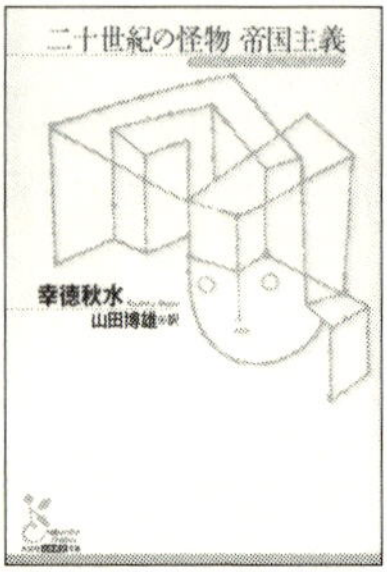

「今の日本人には愛国心がない」

昨今、このような発言をする方がいます。

彼らが「愛国心」の薄まりを感じる理由は何なのでしょうか。たとえば、グローバルな時代で国家への意識が低くなったからでしょうか。あるいは、「愛国心」などなくても生活できるからかもしれません。

いずれにしてもそのような薄れた「愛国心」強化の必要性を叫ぶ人がいるのです。

近年「道徳の教科化」がはじまりましたが、これにはいくつか理由はあるものの、一説には子供たちに日本への「愛国心」を持ってもらいたいという思いから誕生したといわれ

ています。

その徹底ぶりはすごかったようで、「国や郷土を愛する態度」が不足していることを理由に、「パン屋」という表記が「和菓子屋」に書き換えられたというエピソードもあります。

ところで、「愛国心とは何か?」と聞かれて「○○です」と答えられる人はどのくらいいるでしょうか。国を愛する心だというのはわかりますが、それ以上の説明を問われると困るのが「愛国心」です。

この「愛国心」について考え抜いた本があります。幸徳秋水の『二十世紀の怪物　帝国主義』です。幸徳秋水は、社会主義者や無政府主義者として有名であると同時に、教科書にある、明治天皇暗殺を企図して死刑にされた大逆《たいぎゃく》事件（今日では大逆事件自体は言論弾圧のためのでっち上げだったとされている）でも有名です。それゆえ、テロリストのイメージがあり、若干忌避される方です。しかし、この著書を読むと、現代にも通じることが書かれています。

幸徳秋水が述べる「愛国心」の正体

まず、幸徳の「愛国心」に対する立場を明確にしておきたいと思います。

幸徳は「愛国心」と呼ばれるものを、〈純粋な思いやりの心や、あわれみの心ではない〉と述べます。言い換えれば、もっと下劣で醜いものを媒介にしてできていると考えるのです。それゆえに、愛国心は批判されるべきだとしました。

彼は自らが「愛国心」に批判的な立場をとる理由を大きく3つの観点から述べます。

まず1つ目は、「愛国心」が誰かを助けたり、慈善の心から生じたりという高尚なものではないということです。むしろ「愛国心」と叫ばれるものには、利己的でいやしい心が潜んでいるというのが彼の分析です。なぜなら、他国を愛することができず、自国しか愛せないのは、自分の利益のことしか考えられないことと同じだからです。

愛国心が愛するのは、自国の土地に限られ、自国の民に限られているからだ。（中略）うわべだけで中身のない名誉を愛し、自分や自国の利益を独占することを愛するのだ。

次に2つ目ですが、「愛国心」の根底に他国や他者への憎悪があることを挙げます。つまり、「あいつはむかつくから黙らせたい」「あの国はむかつくから黙らせたい」。このよ

うな下劣な感情を正当化するために「愛国心」が持ち出されるとしています。

> 彼らが故郷を思い出すのは、故郷が愛すべきもの、尊ぶべきものだからではなくて、むしろ、ただ他郷を忌まわしく思い、嫌うからである。

実際、当時の日本では、「愛国」を喧伝する人と他国に憎悪をむき出しにする人が重なっていました。

たとえば、先の節で触れた吉田松陰に影響を受けた伊藤博文、井上馨などのちの要人ともなる人がイギリス公館の焼き討ちを実施したとされています。「日本が外国人に奪われる」といった愛国心が彼らをそのような行動に駆り立てたのか、初代総理大臣や大臣にもなった人物が無実の外国人にテロ行為を行ったのです。

そして3つ目ですが、これが彼の主張の核心部かもしれません。大半の人を何の利益も出ないことに動員し、それを正当化する手段として「愛国心」が使われていると語ります。

たとえば、度重なる戦争で政府債務の拡大を正当化する際にも使われました。

多くの敵を殺し、多くの敵の土地と財産を奪い取っておきながら、政府の歳入・歳出の総計は、そのためにかえって二倍にも三倍にも跳ね上がる。それを「国家のためだ」という。愛国心を奮い立たせた結果がこれだ。心強いものだな。

ちなみにこの著書は、日清戦争後に書かれたものです。ですが、日露戦争や第二次世界大戦時に同じようなことが見られました。

つまり、「愛国心」の下劣さは時代を経ても変わらないということを彼の文章は教えてくれているのでしょうか。

「愛国心」は帝国主義につながる

この「愛国心」の終着点が帝国主義です。

知らないのか。「帝国主義」の流行は、まさしくこんなやり方によって始まったのだということを。それは「国民の愛国心」、言い換えれば動物的な本能を刺激することによって生じたのだということを。

帝国主義とは、文字どおり帝国を築こうとする思想的立場を指すもので、具体的には領土拡大政策や他国の富を収奪する行動につながります。彼はこのイデオロギーが勃興することを悲しみました。なぜなら、〈自国の領土を大々的に拡張することは、多くの不正を犯すことを意味し、道理にそむくことを意味する〉からです。そして〈多くの腐敗と堕落を、そして結局は、落ちぶれて滅亡する〉ことは避けられないからです。

そうはいっても、自国の満足のために相手を苦しめることを厭わないでおこうと真正面から述べても、国民は是としません。だからこそ利用されるのがここでテーマにしている「愛国心」なのです。帝国主義と愛国心は非常に緊密な思想ということです。

「愛国心」が芽生えやすい社会状況

最後に、右記の帝国主義につながる「愛国心」が生まれやすい社会状況について見ていきます。

もちろん、いつの時代にもこのような「愛国心」はあるのですが、それがより発生しやすい社会的状況があるのです。端的にいうと、供給過多によるデフレ状態や所得の偏在が著しく拡大したときです。

一般的に、帝国主義は、自国での供給が過剰となり、買い手がおらず利益が出ないため利潤の回収に困った末に、その解決策として外国市場の開拓に向かうという形をとります。

帝国主義に関する分析に定評のあるハンナ・アーレントは著書の中で次のように述べています。

> 帝国主義的膨張のすぐ前には特異な性格の経済的危機の時期があった。その危機とは資本の過剰生産、つまり資本が一国の枠内ではもはや生産的に投資されえなくなったために単に有り余った資金となったという危機である。この資金は輸出されるしかなかった。
>
> ――ハンナ・アーレント著、大島通義、大島かおり訳『全体主義の起源2：帝国主義』みすず書房

しかし、幸徳にいわせれば、国内で資本家の生産過剰からくる「ものあまり状態」に苦しんでいるのは、生産物への需要が頂点に達したからではないのです。富の偏在が強まり、多数の人民が貧困状態に陥ることで購買力が低下し、国内の消費力が落ちていることがい

の一番にあるというのです。

資本家や企業家のいう生産の過剰は、本当にその生産物つまり商品の需要がないからではなくて、多数の人民がそれを買い得る資力に乏しいからにすぎない。購買力に乏しいのは、富の分配が公正さを失い、貧富の格差がますます拡大しているからにすぎない。

つまり、特定の権力や財力を持った者が国民の窮乏状態に目もくれず、私利私欲を貪る時代に、帝国主義と愛国心が叫ばれるということを幸徳は語るわけです。

この話は、失われた30年といわれ、富の偏在による有効需要の減退を引き起こしている今の日本に著しく似ています。今後「愛国心」がさらに強まれば、帝国主義が（まったく同じ形はとらないにせよ）再来する可能性があることを、この本が気づかせてくれます。

title: 13 我々はいつから面喰いになったか？

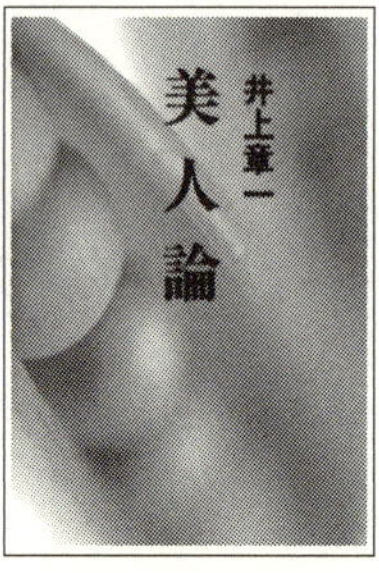

井上章一『美人論』朝日文芸文庫、1995年

「顔立ちがいい」

これだけで、人生においてどれほど得をするでしょうか。もちろん、あなたがもし道徳論者であれば「そんなことはない。人間は性格だ。人を見た目で判断するな！」と諭すかもしれません。しかし、現実では、恋愛や結婚に限らず、就職の面接や会社での待遇に至るまで、容姿端麗で得をする場面は少なくないでしょう。実際、結婚相談所の人と話をする機会があったのですが、女性は顔以外にもはや何も見られてないんじゃないかというくらい容姿によって男性からのお見合い申し込み人数が変わるそうです。

私自身も表向きは「面喰いではありませんよ」といいながらも、美人が通れば3秒はガ

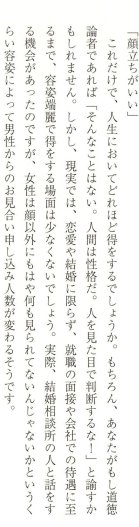

ン見しますから、例に漏れない人間の1人です。

しかし、容姿が重視され、「かわいいは正義」が露骨にまかり通るのは人類普遍の歴史ではありません。そう指摘するのが、井上章一の『美人論』です。

こちらの著書は、人々がなぜ面喰いになったのかについて非常に興味深い分析を行っています。

美人不遇の時代はあった

著者の井上は、実は美人にも不遇の時代があったという驚くべき主張をします。これは現代社会に生きる我々にとっては信じがたいことかもしれません。

たとえば、明治時代の「修身」の教科書では美人が貶《おとし》められていました。「修身」というのは今でいう道徳の教科書みたいなものですが、その中で、〈美人は、堕落しやすい。だが、醜女はちがう〉という記載が出てくるのです。その意図するところは、美人がその恵まれた美貌ゆえに驕ってしまうのに対して、醜女は謙虚で勤勉だから〈さまざまな「才能」が身につく〉というのです。

今読むと、とんでもない偏見だというのはいうまでもありません。しかし、当時はこれが教科書として流通していたのです。今の時代の教育現場では容姿に触れることすらタブー視されていますから、この記述は時代の違いを感じさせます。

一方で、〈修身の教科書も、まったく的外れなことを書いていたわけではない〉と井上は述べます。つまり、まったく的外れなことをいっていたわけではなく、実際に美人は不美人よりも学業を全うすることが困難な社会状況があったのです。

当時は初婚年齢が10代ということも当たり前で、在学中に結婚して中退する人が多かったことが挙げられます。

もちろん、〈在学中に結婚をしてしまうのは、どちらかといえば美人と目される女学生であった〉わけで、不美人が学問を究めやすく知的になるのに対し、美人は知的な修養を積むことが困難な傾向があったのは否定できないのです。

我々はいつから面喰いになったか

ただ、明治という時代は容姿が重視される時代の幕開けでもありました。なぜなら、江戸時代までは、〈家柄と血筋が大切〉だったので、上流階級になればなるほど、〈嫁を容姿で決めるなどということは、ありえない〉時代でした。ですから、容姿端麗で得をしなかったといってもいいでしょう。

もちろん、見つけた美人を無理やりしかるべき家の養子にするという荒業もありました。しかし、あくまでも例外的で、まず重視されたのは家柄と血筋だったのです。

このような家柄や血筋を最優先する価値観が明治になって劇的に変わったということを井上は述べるのです。もちろん、そういった価値観が明治時代に一切なくなったことは意味しませんが、明治政府が行った身分制度の廃止はそれなりに影響力がありました。この身分制度の廃止によって家柄や血筋を気にせず、誰とでも結婚ができるようになったのです。

さて、この自由恋愛や結婚の自由が認められることで、結果的に〈容姿のしめるウエイトが、かくだんにおおきく〉なるわけです。〈身分にこだわらない愛のその実態は、じっさいには面喰いのことだったのではないか〉という井上の指摘は非常に鋭いものがあります。

実は明治時代は、身分制度の解体に限らず、他にも男たちの面喰い化を加速させる要因がありました。

その1つが西欧文化の流入です。一例として、社交場でのパーティー文化を井上は挙げています。

夫婦同伴の社交生活が、日本の上流社会にもひろがりだす。こうなると、妻たちも、もうかつての奥方ではありえない。（中略）必然的に、妻の容姿も、他人の目にさらされる。いやでも、その美醜がわかってしまうようになるのである。

「欧米列強と対等にわたりあう」ためには彼らの土俵に上がる必要がありました。その1つが社交場でのパーティー文化なのですが、そこは1人で行くものではなく、夫婦で行くものでした。そのとき、誰を一緒に連れて行くのが自らを「高く」見せられるかと考えたときに、男たちの脳裏に浮かんだのは美人なのです。

パーティーの話はあくまで一例です。ここでのポイントは西欧文化の流入で妻の役割が家庭のなかで切り盛りする「奥様」というだけでは不十分になったことです。

この「面喰い化」は特に有力者に顕著に見られました。代表例が伊藤博文ですが、彼を筆頭に明治期の有力な政治家や役人の多くが芸者と結婚をしたのです。理由は、もちろん容姿がすぐれていることに加え、社交術も身につけており、男たちの威厳を最も満たしうる存在だったからです。

美人について考えると見えてくるもの

しかし、明治時代に「美人」とされた要素も昭和になると変化が見られます。たとえば、昭和の前半では、挙国一致の政治を目指した日本政府は「翼賛美人」という概念を打ち出しました。「翼賛美人」は、〈目鼻だちについての指摘は、ぜんぜんな〉く〈体つきが、問題になって〉いたのです。

そんなの「美人」じゃねえよと突っ込みたくなるところですが、おそらく当時は細身のアイドルのような美人より多産型で多少ふくよかなくらいの女性が望まれたということがあるのでしょう。ですがそんな国家につくられた「美人」の定義も戦争が終わると跡形もなく消え、またしても容姿端麗な美人がもてはやされる時代が到来するのです。

さて、結局これらの例から井上は何を述べたかったのでしょうか。大きく3つあります。

1つ目は社会をより深く理解するにはタブー視されているものにこそ切り込んでいくことが大切だという点です。つまり、建前だけ議論していても議論は深まらないということです。

事実、彼は〈面喰いを抑圧する倫理を、問題にしているのだ〉と述べたように、面喰いを戒める倫理に大きな関心を持っていました。しかし、著者の願いとは裏腹に、相変わらず〈現代社会では、容姿の美醜をことあげしにくくなって〉います。年齢を問わず、男が飲み会に集まったら議論することは、「○○ちゃんはかわいい」「△△君と□□ちゃんはチョメチョメした」などの話題ばかりですが、それもあくまで「インフォーマル」な場に限定されています。

2つ目は人間の価値判断が社会に規定されることです。それはどういうことかといえば、「種の存続」ということだけを単純に考えるならば美人である必要はないのです。血筋が重んじられた時代があったように、「種の存続」に対して「美人」が注目されるのは血筋ほど合理的ではありません。ということは今日において多くの人が面喰い化するのは、美人と共にあることが多くの人にとって「合理的」だからに他なりません。

最後の3つ目は「言葉」とは何かに対する回答です。この本の端から端まで読んでも、「美人」の定義は不明です。私もこの言葉を再三使いましたが、一行で「美人とはこういうものである」とは述べませんでした。

なぜなら、井上は「美人」を緻密な議論で定義するのではなく、あくまで各々の社会において「美人」の概念を提示するものだったからです。しかし、これは井上に定義する力が欠けているということを意味しません。井上が実証しているのは、そもそも「言葉」というもの自体は最初から空っぽであり、「意味」を与えるのはその時代時代で、そこに参加している人たちなのだということです。ですから、歴史の変遷を通してそれは徐々に変化していくのです。

「美人」というのは現代における合理性の尺度です。仮に今後「美人」が優遇されなくなるときに、そこには歴史の転換点があるかもしれません。

第3章 お前が生き方を決めるな

＊価値観について

28'l_Anti'nuke

title: 14
「幸せ」とは何なのか？

ダニエル・コーエン著、林昌宏訳『経済成長という呪い』東洋経済新報社、2017年

突然ですが質問です。あなたが幸せだと感じるのはいつでしょうか。

それは美味しいものを食べたときでしょうか？　それとも好きな映画を観ているときでしょうか？　はたまた、おててのシワとシワを合わせるときでしょうか？　さまざまな意見があることでしょう。ただし、1ついえるのは、「幸せ」がどういうものであれ、ほぼすべての人はできれば「幸せ」に生きたいと思っているということです。

ただし、その「幸せ」を現実世界で実現するにはあるものが必要とされています。それは「お金」です。拝金主義者といわれそうですが、きれい事を抜きにしていえば、現代社会において我々の幸福の一部を担っているのは紛れもなく「お金」です。

しかし一方で、一昔前とは異なり、幸福のバロメーターでもあった「お金」が自分の懐に溜まっているという感覚を得にくくなっているのが現代社会です。それはバブル崩壊以降のここ20年から30年ほどの賃金指数や平均年収などを見ていくと顕著です。

このような停滞感を生み出している原因は何でしょうか。その1つには、もちろん格差というものがあります。しかし、このことについてもっとダイナミックに考えた本があるのです。

ダニエル・コーエンの『経済成長という呪い』は、物質的な豊かさを求め、経済成長を重視する幸福感を再検討することが人類の急務だと述べています。これだけだと似たような書籍は他にもあるので、「何を今更」と感じるかもしれませんが、この書籍の優れている点は、コーエンの分析が100年や200年といった長い時間軸で歴史が転換点にあり、その兆候として我々の今の所得停滞があると指摘するところにあります。

そういった意味で、きれい事の道徳論的な文脈でいわれる「お金以外の幸せの条件を探そう」といった上っ面なものではなく、21世紀が大きな歴史の転換点であることを前提に、20世紀型のパラダイムで物事を考えていないかを確認する意味でもおすすめの本なのです。

20世紀のような経済成長は21世紀には起きない

まず、コーエンは20世紀が記録した高い経済成長は、21世紀では生じないという主張を展開します。

彼はなぜそう考えたのか。その点を理解することで、彼が経済成長を〈現代の宗教ともいえる〉と述べた理由も見えてきます。

経済成長という概念は20世紀において多くの人々を救いました。たとえば、〈20世紀には、農村部を追われた農民たちが大きな成長の見込まれる産業に就職したため、高度経済成長が実現した〉とコーエンはいいます。この話は、日本でも当てはまります。地方の農村部から都市部のホワイトカラーとして出稼ぎに行く人が増えた結果、高い経済成長率の実現と同時に多くの人の所得が増えました。

しかし、21世紀は20世紀と同じ状況ではありません。確かに現在では、デジタル化という革命的現象が起きています。実際、デジタル化を通じて産業構造の転換が進んでいます。しかし一方で、21世紀は、産業構造の劇的な変化が20世紀のような高い経済成長率を実現していないのです。

デジタル革命の成果が経済成長という数値に表れないのだ。先進国の経済成長は後退し続けている。過去三〇年間のヨーロッパの一人当たりの経済成長率は、七〇年代は三％、九〇年代は一・五％、二〇〇一年から二〇一三年までは〇・五％と下落した。同時期のアメリカの一人当たりの経済成長率についてみると、アメリカ国民の九〇％にとってはゼロだった。

しばしば、「経済成長をしていないのは日本だけだ」という主張が、特に「保守派の論客」を中心として行われますが、これは日本固有の問題ではありません。コーエンと同じくドイツの社会学者であるシュトレークも世界経済で全体的に見られる低成長について指摘しています。

（OECDのデータを見ると〈引用者〉）一九七〇年代以来、5年間の移動平均で見た主要国の平均成長率は低落傾向を示している。七〇年代初頭には四・五パーセントであったものが、一九八〇年代と九〇年代の景気循環の頂点でも三・五パーセントにしか達しなかった。二〇〇八年の危機に先立つ数年間は、平均成長率が二・七パーセントを超えることはなく、危機勃発後は一パーセントすら割り込んだ。

――ヴォルフガング・シュトレーク著、鈴木直訳『時間稼ぎの資本主義』みすず書房

21世紀現在で起きていること

では、なぜ21世紀の産業革命が経済成長をもたらさないのか。

その理由についてコーエンは、経済成長は労働者1人当たりの生産性が上がることを条件とするからだと考えています。言い換えれば、1人の労働者がより多くの付加価値を生み出せることが経済成長の条件だということです。巷でよくいわれるような、産業構造を変えさえすれば経済成長が起きるというのは誤りなのです。

そのことはコーエンの次の言葉に現れています。

高度経済成長をもたらすには、人間の代わりに高性能の機械を導入するだけでは充分でない。高性能の機械によって雇用を奪われた人々の生産性が向上しなければならないのだ。

だからこそ所得に関しても低成長が続いているのだとコーエンは主張します。しばしば経済成長同様に、こちらも「日本だけが」と語られることがありますが、世界的に起きていることなのです。

コーエンはデジタル社会における所得の推移について次のように述べます。

デジタル社会には奇妙なパラドックスが宿っている。科学技術が大いに発展すると思われていたのに、経済成長は期待外れに終わったのである。アメリカでは過去三〇年間、国民の九〇％の購買力は上昇しなかった。ヨーロッパでは同時期に、一人当たりの所得の平均増加率は、三％から一・五％へ、そして〇・五％に低下した。われわれは、「経済成長なき産業革命」という語義矛盾を体験したのだ。この驚くべき状況をどのように理解すれば良いのか。デジタル革命が一世紀前の電気革命と同様の経済成長の加速をもたらさないのは、なぜなのか。

デジタル化は、購買力の向上どころか、むしろ所得の増加率を鈍化させていると指摘されています。この状況をどう説明すればいいのでしょうか。

以下2つの見方があります。

まず1つ目は、20世紀と21世紀の「革命」が「機械化」という点では共通しているものの、その帰結がまったく別物だと考える見方です。21世紀では新たな労働力を投入することで利潤を生み出すのではなく、労働力を節約することで利潤を生み出しています。

もう1つは、21世紀のイノベーションは20世紀と比べて、労働者1人当たりの生産性を劇的に高めてはおらず、大した変革ではないという見方です。

消費者は、スマートフォンを除けば、電球、自動車、飛行機、映画、エアコンにはじめて接したときのような衝撃を覚えなかった。

これらのことは20世紀初頭~中頭に生きていない我々に想像するのは難しいかもしれません。ただし、生み出されたイノベーションを純粋に数えるだけでも20世紀型のイノベーションのほうが大きなものだったという見方は的外れとはいえません。

いずれが正しいかはともかくとして1ついえることがあります。どの立場をとるにしても20世紀のパラダイムで21世紀を見ても良い結果は得られないということです。

幸福は社会によって規定される

もちろん、コーエンは21世紀の発明をすべて否定しているわけではありません。スマートフォンの誕生によりインターネットが身近になり、無料でできることがかなり増えました。それゆえ、消費者の購買力を奪わなくても多くの娯楽を人々は享受できています。

けれども、考えるべきことは、現在有望な巨大ＩＴ企業は20世紀の自動車産業のように雇用を生み出していないことです。

こうした進化は、良いニュースでも悪いニュースでもある。良いニュースとしては、インターネットが提供するサービスは無料であるため、消費者の購買力が奪われないことだ。悪いニュースとしては、インターネットは雇用をほとんど生み出さないことだ。グーグル、フェイスブック、ツイッターの三社を合わせても、今日のどの自動車メーカーよりも雇用者数が少ないのだ。

この考えに共感するかどうかは別として、21世紀では「経済成長」を幸福に関連づけることは不適切だという結論は一考に値します。なぜなら、GDPなどを通して測定する「経済成長」は、あくまで20世紀型の幸福度を測定するバロメーターだからです。

もちろん、21世紀の幸福度を測定するバロメーターは決まっていません。しかしそのバロメーターが出てくる前に我々自身が「幸福とは何か」を考えることは重要です。デジタル化が経済成長をもたらしていないという現実を無視し、デジタル化による経済成長にのみこだわることは閉塞感を抱きながら生きることになるでしょう。

title: 15 自由を獲得するにはどうすればいいのか？

カール・ポラニー著、野口建彦、栖原学訳
『新訳　大転換：市場社会の形成と崩壊』東洋経済新報社、2009年

「自由になりたいか？」

そう聞かれて「ノー」と答える人はこの世の中において極めて稀でしょう。誰であれ「自由」でありたいと願います。おそらくこれほどまでに全人類で賛同を得られる概念もないでしょう。

しかし、「自由」とはなんなのか？　といざ具体的な話になると答えに少々困るのではないでしょうか。たとえば、「自由な働き方」という言葉があります。おそらく働く誰もが「そうありたい」と願うでしょう。

しかしこれを念頭に置いて出てきた非正規雇用者がしばしば社会的に厳しい境遇に追い

込まれていることはどのように説明すればいいのでしょうか。

そんな「自由」という概念について知ることができるのが、カール・ポラニーの『大転換』です。ポラニーは「経済」の観点から「自由とは何か」について考えたわけですが、「自由」という言葉は多くの人に受け入れられやすいがゆえの危険性を指摘します。

「自由」を求めた結果「自由」を放棄する

彼には「自由」に関する一貫した主張があります。それは端的にいうと、「自由」と叫ぶものたちはそれをいざ行動に移すや否や、社会に数多くの制約を課すというものです。

これはどういうことでしょうか。その一例に、ポラニーは他国との交易を自由化しようと考えた際に、自由主義者がとった行動を挙げます。

> 自由主義者の行動それ自体が次のことを明らかにしている。すなわち自由貿易の維持、あるいはわれわれの言葉でいえば自己調整市場の維持が干渉行動を排除するどころかその実施を必要とし、また労働組合法や反トラスト法に見られるように、自由主義者自身が国家の側による強制的な行動を常に要求したことである。

自由化を叫んでいた人物が国家による強制的な干渉を要求したとあります。そして、市場の自己調整機能に委ねるどころか積極的な介入を賛美したというのです。「自由貿易」という概念は今もそうですが、国家による介入や規制を最大限縮小していくことが望ましいと考える政治的な立場です。それにもかかわらず、その人たちが規制や介入を要求したというのは意外な話です。

類似の例でいえば、ビットコインにまつわる騒動も同じではないでしょうか。ビットコインは、国家から貨幣のコントロールを取り上げようとしました。国家の介入や規制をなくしたところに貨幣のより良い姿があると考えたのでしょう。自由貿易と基本思想が同じです。

しかし、ビットコインの現実はどのようなものになったかを覚えているでしょうか。詐欺事件が横行し、相場が暴落し、国家による規制が求められるようになりました。「自由」を求めたものの、結局は「自由」を放棄したのです。

「自由」を求める心がファシズムを生み出した

実は、ナチスドイツなどでもおなじみのファシズムもまた、この「自由」を求めた帰結だとポラニーは指摘します。

> ファシズムにおける自由の完全な破棄は、実際のところ自由主義哲学の必然的な結果である。

なぜそういえるのでしょう。

順を追って述べます。自由主義を標榜するイデオロギーは規制や介入を嫌悪する立場をとります。しかしながら、この際限のない「自由」の拡張を求めるイデオロギーは必ず行き詰まります。ここまでは前項で記載した内容です。

そして、ここからが今の話につながるのですが、我々が「自由」に耐えられなくなったとき、2つの選択肢に直面するとポラニーはいいます。

1つが〈幻想に過ぎない自由の観念を固守して社会の現実を否定する〉ものです。そしてもう1つが、〈あるいは社会の現実を受け入れて自由の観念を拒絶する〉ものです。

1つ目の選択肢は長い目で見た場合にあってないようなものです。なぜなら、現実を否定し続けることで耐えられている間はいいですが、それは永続的ではありえないからです。

つまり、結局は2つ目に向かわざるをえません。ですので、自由主義を突き詰めるといずれファシズムに向かうのです。ファシズムは基本原則として〈社会は個人間の関係ではない〉（カール・ポランニー『経済の文明史』ちくま学芸文庫）と考えます。ファシズムは個々人の平等性に対する「否定」自体がその本質であるとポランニーは述べます。ですので、いかなる個人を尊重する考えも破壊しにかかります。

つまり、一般的には自由主義者とファッショは常に敵対関係にあると認識されがちです。しかし、現実はまったく違うのです。自由を追い求める自由主義者の中からファシズムが生まれてくるのです。ここがポランニーの主張の重要なところです。

両者はそれほどクリアに分けられるものではなく、むしろ非常に隣接した関係なのです。

「自由」とは何か？

我々が求める「自由」はファシズムに行き着くものではないでしょう。そういう意味では、「自由主義者」の謳うようないかなる介入や規制などを嫌悪する「自由」は、むしろ避けるべきものであることがわかっていただけたでしょうか。

我々を幸福にしてくれるという意味での「自由」は適度に抑制を必要とするものなのです。「自由」が欲しいと思うときこそ「自由」の意味を考えるべきだとポラニーは述べます。

> このディレンマの根本にあるのは、明らかに自由の意味それ自体をめぐる問題である。

自由主義者はしばしばマルクス主義者をバカにするものですが、自由を際限なく追い求めることを要求する人も、「ありもしないユートピア」を描いている時点でマルクス主義者と変わりません。

> 自由主義経済はわれわれの理想を誤った方向に導いた。それは、本質的にユートピア的な期待が実現できるかのように思わせたのである。しかしいかなる社会も、権力と強制がなければ存在できないし、力が威力を発揮しないような世界もありえない。人間の意志と希望だけで形成された社会を想定することは幻想であった。

自由主義者も社会主義者もその歴史において自滅に向かったのは、他でもなくその「徹底性」が原因でした。

つまり、個人が社会より常に優先されると考える社会主義者と同等に、社会をバラバラの個人の集まりとだけ考える自由主義者も愚かなのです。今はどちらかというと社会主義に対する抗体はありますが、「自由」の際限なき拡張への抗体が我々には薄いでしょう。

しかし、この自由主義の行き過ぎがファシズムを近い将来生み出しうるということは、頭の片隅に入れておいて損はないでしょうね。

title: 16

金儲けは悪いことか？

ジェイン・ジェイコブズ著、香西泰訳『**市場の倫理　統治の倫理**』ちくま学芸文庫、２０１６年

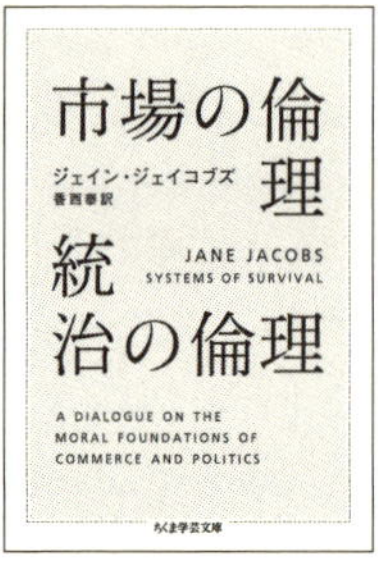

お金の心配をすることなく一生を過ごせる人は世の中でどのくらいいるでしょうか。世襲のボンボンの存在やきれい事を抜きにすれば、ほとんどいないでしょう。

多くの人が日々生きるために働かなくてはいけません。貨幣経済で生きる以上、きれい事を除けばまずはお金が大切です。どんなに熱い恋もドラマのようには続かず、金の切れ目が縁の切れ目となることがどれほど多いことか。女性の瞳に1万円札の肖像画が見えたことが私には幾度となくあります。あなたの彼女が仮に「あなたさえいれば私は何もいらないわ」といっていたとしても、札束を失った途端に「ふざけんじゃねえぞ、コラ」と態度が急変する可能性を、多くの男性は認識しているのではないでしょうか。

ただし一方で、日本では特に顕著ですが、多くの人が「お金を儲けること」に対してしばしばネガティブな視線を向けます。たとえば、「非営利であること」と「営利であること」という2つの言葉を聞いて、前者に良いイメージを持つ人が多いのではないでしょうか。

しかし、金儲けをすること自体は悪いことではないのです。それが悪いものと評される条件があるだけなのです。私自身、この著書を手に取るまでは無条件に「金儲け」は悪いものだと思い込んでいました。しかし、その考えの転換点となったのがジェイン・ジェイコブズの『市場の倫理　統治の倫理』なのです。

金儲け自体を悪いものだと考える倫理観

まず、金儲け自体を「悪いもの」とする倫理観にはそれなりの歴史があります。古くは騎士道の時代にまで遡ります。当時のヨーロッパでは〈父系であれ母系であれ、(中略)商人または職人、いわゆる職業に就いた者がある場合は、騎士にふさわしくない〉とされたのです。なぜなら、騎士にとっては、「商工業は恥ずべき、卑賤な、汚染の源」という価値観があったからです。

この話はヨーロッパだけではありません。日本でも〈同じ規則、同じ罰が同じ時期の日本でも見られ〉ました。ジェイコブズは日本のケースについて詳細には書いていませんが、おそらく士農工商と呼ばれる身分制度を念頭に置いているのでしょう。歴史ドラマや小説を見る中で武士が農業をしたり、商業に従事したり、工業製品をつくっているというのはあまり見かけません。武士とはそういうものから距離を置いてこそ、武士らしくいられるという「倫理」があったのだと考えられます。

しかし、そういった商工業を批判していた人が何をやっていたかというと、〈戦争、略奪、搾取、迫害、処刑、監禁、身代金目当ての捕虜拘束、農奴・借金農・奴隷を犠牲にしての土地独占など〉だったとジェイコブズはいいます。

とてもではないですが、これらに比べて商工業が罪深いとはいえないでしょう。こう考えると商業蔑視には違和感があります。

では、金儲けを忌避する倫理感はなぜこれほどまで根強いのでしょうか。ジェイコブズはこれについて、〈統治者の仕事における道徳的意義に合致するところがある〉からだと指摘します。つまり、統治者に分類される者たちは、取引を是とする商人とは異なり、取引から距離を置くこと自体が「倫理的」な営みだったのです。

金儲けを良いと考える倫理、悪いと考える倫理

要するに、人間の善悪を決める「倫理」は1つではないのです。ジェイコブズはそれについて「市場の倫理」と「統治の倫理」という分類を行いました。前者は取引を行うことを「善」とし、後者は取引を行うことを「悪」とするものです。ポイントは、「倫理」が2つあることと、両者は両立しえない関係にあるということです。

例を挙げるとすると、「公務員バッシング」です。日本の公務員はとにかく多すぎるから地方自治体をどんどん解体して、今の数分の一の人数にしてしまおうというものです。

この論理は「市場の倫理」から見た場合に、妥当な主張となります。なぜなら、公務員自体は市場経済における交換価値および使用価値を生み出すことが主要な業務ではないからです。ただし、「統治の倫理」から見たときに見方を変える必要性に迫られます。

極端な話ですが、「市場の倫理」に基づき、仮に地方自治体をすべて解体して、ごく少数の官僚組織や中央官庁で一元的に行うというやり方をしたとしましょう。

確かに一部人件費の削減はできるかもしれません。しかし、これをするといいことばかりではありません。

たとえば、その地方ごとに合わせた住民サービスの提供を実施するのが非常に難しくな

ります。そして、ある特定地域の「金になる」場所にだけ資源が傾けられるようになるのです。

20世紀の終わり頃から行政課題に対する処方箋として叫ばれてきたものに「道州制」がありますが、これはまさに今述べたような、統治領域に「市場の倫理」を持ち込む考え方です。こうした考え方は多くの人が公務員を、市場価値を生み出さない対象として憎悪することで支持されています。

いずれの立場をとるにせよ、今の例から1つのことに気づけるでしょう。それは、社会的問題の多くはこの2つの倫理観の取り扱い方を誤ったことが要因だという点です。

そもそも「倫理」には2種類のものがあるという感覚すらない方も多いでしょう。社会的分業が進む中では、しばしばいずれかの倫理を「絶対解」とする立場に属することが求められますからね。

そういった相異なる倫理観がある世界でジェイコブズが主張しているのは、自らが職業人であるにせよ、役人であるにせよ、企業家であるにせよ、その時々でどういう倫理が望ましいのかを自覚的に選択できるようになることなのです。

社会の腐敗は倫理の混同から

状況に応じて使い分けるべき倫理を混同する、もしくは意図的に混同させると社会の腐敗が進みます。

たとえば、統治の倫理に立つべき役人が「取引」を「善」としたとしましょう。これは「賄賂」につながります。このような「不正」が横行すれば、まともな取引が成り立たたなくなるでしょう。統治者が市場の倫理を優先すれば〈卑劣で、恥ずべきこと、腐ったことで、汚いこと〉を社会に撒き散らすことになります。

逆の場合も同じです。市場の倫理が求められる領域に統治者の倫理が強くなるとどうなるでしょうか。政府企業などはいい例でしょう。

〈どんな政府であるかにかかわりなく、政府企業が無駄、非効率、そして失望に終わるのはなぜか〉というジェイコブズの疑問は日本でも当てはまります。官民ファンドと名のつくものでまともに成功したものをあまり見たことがありません。

このような腐敗は我々が〈相違を尊重する責任を引き受ける〉決意によって回避されます。一方の倫理にもう片方の倫理が介入したり、両者の倫理に上下関係が発生したりすると危険なのです。

そういう意味で、本題についていえることは1つです。「金儲け」自体は悪くないということです。

　実際、「金儲け」を卑しいことであると考える人たちですら、商業倫理により世の中が未曾有《みぞう》の発展をしてきたことを否定できません。しかし、それが無際限に拡張されてはいけないということは留意すべき点だといえるでしょう。

　つまり、あくまで統治を破壊するようなものでない場合に限るという但し書きがつくのです。

title: 17 結局損得を優先させて生きるのが正しいのか？

アダム・スミス著、高哲男訳『**道徳感情論**』講談社学術文庫、2013年

「他人様のために尽くしなさい。そうすればあなたにも良いことがやってきます」

学校や家庭でこう教わった経験が誰にでもあるのではないでしょうか。しかし、その教えに従っていれば、人生万事うまくいくのでしょうか。おそらくそうだと感じない人がかなりいるのではないかと思われます。他人様に尽くして裏切られることというのは数え上げればきりがありません。

たとえば、幼少時代の私はその教えに比較的に忠実で、相手が望めば快くゲームソフトや漫画の類を貸した記憶があるのですが、20年近く経った今もなお返って来ないものがあります。

もちろん、これは単なる一例ですが、私と同じようになんらかの形で善意が裏切られた経験から、結局は自分の損得だけを考えて生きたほうが賢いのではないのかと思ったことはないでしょうか。

損得を優先させることが理にかなっているのか、という疑問について考えるにあたりおすすめなのがアダム・スミスの『道徳感情論』です。

スミスというと自己利益のために活動することが、社会としてもプラスになるという「見えざる手」を述べた人物として認識されています。しかし、『道徳感情論』を読むと、「見えざる手」が記述されている『国富論』のイメージとはまったく異なる印象を受けます。

スミスは損得について、どのような道徳感を持っていたのでしょうか？

人間全員が持つ願望

まず、どういった生き方を選択すべきかを考えるには、人間がどういう動物であるかという話から入る必要があります。

スミスは、人間を〈自己保存、したがってまた種の増殖は、自然の女神があらゆる動物を育む際にもくろんだ偉大な目的〉であると述べています。

つまり、きれい事を抜きにして、まずは自分が生き延びることを優先し、自らの種が絶えるリスクに備えて繁殖をしたいと考えることが、人間の最大の欲求です。ここから自己利益を追求する利己的な人間像が導き出されます。一般的に『国富論』やそれに続く経済学を学んだ人はそう認識されているでしょう。

しかし、『道徳感情論』ではまったく異なるスミスの人間観が提示されます。スミスは本書の冒頭で〈いかに利己的であるように見えようと、人間の本性のなかには、他人の運命に関心を持ち、他人の幸福をかけがえのないものにするいくつかの推進力が含まれている〉と述べます。

これを読むと、自分の利益のために「のみ」動くことが社会の総富量の拡大に寄与するという『国富論』の人間観は読みとれません。むしろ、どれほど利己的に見える人間であっても、そうではない形で行動する原理が含まれていると述べています。

では、彼は人間の行動原理をどう定義しているのでしょうか。

彼は人間が生きるために損得勘定で動くことは避けられないとしながらも、「共感」を求める生き物だと定義するのです。

共感の原因が何であろうと、(中略)我々をもっとも喜ばせるのは、我々の心にあるあらゆる情動との一体感を他人のなかに見いだすことであり、もっとも驚かせるのは、我々が抱いている情動と真反対の態度である。

「共感」自体が我々を喜ばせるという考えがここから読みとれます。

我々が共感を欲する理由

では、我々の共感を求める行為が人間の本性だとしたら、どうして「共感」を求めるのかという点が気になるところでしょう。

これを理解する上で重要なキーワードは「適合性」です。つまり、スミスによれば我々は「共感」という「相手の立場に立ってみること」がうまくいくことで、社会における「適合性」を実感できるというのです。

適合性を是認するためには、行為者に対する完全な共感だけでなく、彼の感情と我々の感情とがこのように完全に一致している、と我々が感じる必要がある。

では、この「適合性」の基準とは具体的にどういうものを指すのでしょうか。これについて、一言でいえば「正義を実践すること」ができているかどうかにつきます。具体的に、「正義を実践する」には2段階あるとスミスはいいます。

1つ目は刑罰の段階です。これについては守らなければ危険人物とされるようなものです。法律を守らない人に我々は共感できません。共感できるとすれば、法律を守らない人と同じ境遇に立って共にその法を逸脱しているという例外状態のみです。ただし、こちらの正義実践については、国や政府などが定めた法権力による「実力」行使が抑止効果になるため、スミスはそれ程重視していません。

重要なのは2つ目です。彼が2つ目に挙げているのは、明確に確立されたものではないけれども、それに比肩する規範や慣例の類です。こちらをスミスが重視するのは、1つ目と異なり、自己保存に関連した損得感情を超越しているにもかかわらず、我々が生きうる上で重要だとみなしているからに他なりません。

スミスはこれに分類される規範の一例として〈男性に話しかけるように女性に話しかけることは、不作法である〉という例を挙げています。

この作法の使い分けを通して期待されているのは、〈両性の同席はより多くの陽気、より多くの冗談、より多くの心遣いを我々に促す〉ことです。だからこそ、〈女性に対するまったくの無神経は、男を、男性の目から見てもある程度卑しいものにする〉のです。

このような作法を守るか否かは、損得勘定ではそれ程深刻な問題とはならず、逮捕されることもありません。

要するに、我々が幸福をより一層強く感じるためには、この社会にすでに存在する「規範」や「慣例」に従い、お互いの感情を同じ方向で共感することが重要なのはもちろん、「法律を守るか守らないか」を超えて、社会としてより良いとされている状況にも敏感になることが重要なのです。

社会的動物として生きる上で個人に求められること

冒頭のテーマに戻りますと、我々は損得勘定を一義的に正しいものとして生きることが正しいのかという問いを立てました。この問いに対する答えは、ある程度出ているのではないでしょうか。

我々が本性として求めているのは「適合性」だとスミスはいいました。それゆえ、それを満たすことができれば人生は幸福ですし、得られなければ幸福だと感じられないということです。つまり、損得だけで人生を謳歌することは幸福とはいい難いということです。

最後に余談ですが、なぜアダム・スミスを取り上げたかを少しだけ補足します。その理由は、一般的に、スミスは損得を第一義にして生きていくことを推奨したといわれ、資本主義経済のベースとなる考え方を生み出した人と認知されているからです。

巷では損得を第一義にすることを是とする「成功哲学」がもてはやされていますが、元をたどるとスミスの影響を色濃く受けていると思われます（正確には彼の一面的理解なのですが）。あのスミスでさえもが、利己的な行動だけでは人生はつまらないと述べていたことをお伝えしたかったのです。彼は次のように記しています。

幸福とは、選択の対象を確保することでも、拒絶することを回避することでもなく、（中略）適応度にあった。

スミスの『道徳感情論』が、自分の人生哲学を見直すきっかけになれば幸いです。

title: 18

危険思想はどのようにして生まれてくるのか？

戸坂潤『日本イデオロギー論』岩波文庫、1977年

「この人の考えは素晴らしい」

人生でこのように思うことは何度かあると思います。そして、その人の思想にのめり込み、片っ端からその人の著作を読む人もいます。「思想」とは我々の人生を豊かにする力を持ちますが、時にナチスのように人を虐殺させるほど危険な側面を持っています。

では、危険思想とそうでない思想の境目はどこにあるのでしょうか。

これについて今こそ読んでおきたいのが戸坂潤の『日本イデオロギー論』です。戸坂潤は日本の軍国主義化が加速した1930年代、当時席巻していた思想を批判しつつ、思想がいかなるときに危うさを持つかを述べました。

最終的に、彼は今でいうところの「反日」「非国民」扱いをされるわけですが、死ぬまで日本に蔓延した思想が誤りであると確信していました。彼がたじろがずに国家の過ちを指摘できたのはなぜなのでしょうか。

危険思想はどのようにして生まれるのか

危険思想はいかにして生まれるのでしょうか。
一般的に「危険思想」とは、元からその思想自体が危険かどうかで決まると考えられています。たとえば、「共産主義」「左翼」「ファシズム」と聞いたときに、それは危険思想だと判断します。
しかし、このような分類作業にはまったく意味はないと戸坂は考えています。

どんな哲学でも、解釈に依らず又解釈を通らずに、事物を取り扱う事が出来る筈はない。

言い換えれば、〈事実の持っている意味のこの解釈自身の内に、問題が横たわっている〉

のです。どのような事実でも、それをどう解釈するかによって認識が変化するということです。思想自体ではなく、解釈の仕方が問題なのです。

たとえば、1本の包丁があったとして、それをいいように使えば非常に便利な調理道具になります。しかし、その使い方を誤ればどうなるでしょうか。おそらく人を殺すこともできます。ポイントは、包丁（事実）それ自体は善でも悪でもないということです。その包丁（事実）に関わる人（解釈）が異なる結果をもたらすのです。

このことから彼は結論します。

一切の哲学が解釈の哲学だと云っても云い過ぎではない。

「国を愛することは大事だ」という思想は左翼も右翼も社会主義者も新自由主義者も否定しません。しかし、これらのイデオロギー下でとる行動は180度異なります。

このイデオロギーの解釈の違いで、度重なる戦争を繰り返したのが戦前の日本社会なのです。今日においても「左翼」か「右翼」かなどにこだわる方が少なくありませんが、実はこういったラベリングにこだわっている人ほど、危険だということがこのことからいえるでしょう。

思想は大きく分けて2つ

今の話を踏まえ、戸坂は〈右翼・中堅・左翼、乃至《ないし》ファシズム・リベラリズム・マルクシズム、と云ったような社会学的思想界分布図の代りに、もう少し合理的に内容に立ち入った分布図を使わなければならない〉と指摘します。

その合理的な分布図とは、〈観念論と唯物論に分類〉することです。この世界は観念によって成立しているのか物によって成立しているのかという分類図式ですね。この分類方法を彼は〈今日の思想界の社会的分布図を与えるのに、一等役立つだろう〉と述べます。

これを前提に戸坂自身は、唯物論の立場であることを表明した上で、ハイデガーや西田幾多郎などの名だたる哲学者の学説は観念論にすぎないと批判します。

彼が、ここまで観念論を批判するのには理由があります。観念論が問題なのは、〈万華鏡のように、多様な眼まぐるしい光景の内に、殆ど思想と称するに足るものがない〉からです。

曖昧なため、思想として確立できていないというのです。一方で、彼の肯定する唯物論は〈実証的な常識以外に何等の哲学をも認めない〉点で優れているのです。

唯物論・観念論といういい方は難しいですが、彼が思想に求めているのは「現実において実際どうなるのか」「現実が実際どう変わるのか」という点です。

> 思想とはあれこれの思想家の頭脳の内にだけ横たわるようなただの観念のことではない。それが一つの社会的勢力として社会的な客観的な存在をもち、そして社会の実際問題の解決に参加しようと欲する時、初めて思想というものが成り立つのである。

彼が師である西田幾多郎を批判したのは、西田の思想が〈ただ現実が理念によって裏打ちされたと解釈されただけに過ぎない〉と考えたからです。つまり、現実で起きていることを西田哲学は理念的に説明したのにすぎないのです。

思想との付き合い方

ここまでの戸坂の思想から学べることが2つあります。

1つはある思想が「良い」といわれるとき、それが実際どのように解釈されており、現実にどのように関わるのかを見る必要があることです。「事実」や「客観的」という言葉は、より多くの人の間で共通の「解釈」が存在しているということにすぎません。その言葉は、使う当事者が期待するほど普遍性を帯びているわけではないのです。

この話から、たとえば経営の神様である松下幸之助や稲盛和夫の本を片手にブラック企業をつくる人がいることも理解できるでしょう。

戸坂は、1930年代の日本で軍国主義がカルト化していくベースとなった「日本精神」を徹底批判しました。なぜなら、〈日本精神主義なるものが、如何に理論的実質において空疎で雑然としたものか〉がわかったからです。結果的に当時の日本は国を愛することを煽り、そのために大量の国民が犠牲になることを強制したのです。

2つ目は、ある観念はそれ自体が悪ではないということです。「マルクスは極左のテロリズムにつながるから読んではいけない」と決めつけて、マルクスを読まないのはよろしくないということです。マルクスの思想自体を利用したテロリストが過去にいただけの話です。

したがって、多くの研究者は「マルクスがダメなのではなく、マルクス主義がダメなのだ」といっています。今の世界で類似の例を挙げるならば、イスラム圏ではテロが多いからイスラム教は危険だという発想も同じですね。

このように線引きをしっかりとできるかが、危険思想を生み出さないためにも、そして自分がそれを妄信しないためにも重要だといえるでしょう。「自由な生き方をしよう」「豊かな暮らしを手に入れよう」、こういった非常に曖昧な観念に依存しているようなキャッチフレーズを見つけたときには、まさにそれを喧伝する相手を疑うべきときかもしれません。

title: 19 我々は何をベースにして善悪の違いを見分けているのか？

フリードリヒ・ニーチェ著、中山元訳『**道徳の系譜学**』光文社古典新訳文庫、2009年

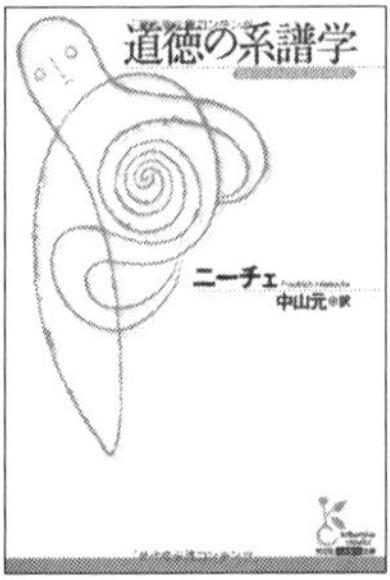

「○○は良いことである」
「○○は悪いことである」
日頃私たちは、ある行為を善か悪かに分けています。たとえば、電車に妊婦さんが乗ってきたら、席をゆずることが善だとされ、そうしなければ、率直にいえば悪とされます。このように善悪を判断することは人間にとって根源的なものだと考えられています。なぜなら、そういうものを取り除くと、食欲や睡眠欲など自己保存に関わるものだけが残るからです。

しかし、昨今はこの我々が生きる上でよりどころとしている「善悪」の価値基準が揺ら

ぎはじめた時代に入ったような気がしないでしょうか。

たとえば、2018年は象徴的でした。「超」のつく大手企業が決算文書や融資資料の改ざんをしたり、建築基準を偽装したり、品質データの改ざんをしたりと次々に「悪」と判断しうる行為をしていたことが明らかになりました。いずれの「悪」も、当たり前のように「悪」とされることですが、そのようなことが次々に現実に起きてしまったのです。

この疑問に向き合うためには、私たちを人間たらしめている「善悪を判断する基準」（道徳的な感情）がどのように形成されているのかを今こそ考える必要があります。

この素朴な疑問に答えてくれる本が、フリードリヒ・ニーチェの『道徳の系譜学』です。この本は我々の自己理解を深めるきっかけになるとともに、今正しいと思われていることが果たしてそうなのかを考えさせてくれます。

善悪という価値の起源

そもそもなぜ我々は「善」と「悪」を分けるようになったのでしょうか。少なくともこの判断基準は人間に生来的に備わっていたものではありません。たとえば、山の中で孤独に一生を過ごす場合、「善」と「悪」という概念は不要ではないでしょうか。ということは、生まれてから社会生活をする上で、この概念が必要となったと考えるのが妥当です。その過程にこそ善悪という道徳の起源があるのです。

この思考プロセスをニーチェも踏みました。具体的には2つの問題を提起することで道徳の正体を掴もうとしました。

1つ目は、善悪という価値の起源です。そしてもう1つが、その価値判断自体に価値はあるのかという問いです。これをニーチェは〈すなわち、人間はどのような条件のもとで、善いとか悪いとかの価値判断をくだすことを考え出したのだろうか？　そしてこうした価値判断そのものには、どのような価値があるのか？〉という形で言及しています。

まず1つ目の「善」および「悪」という価値判断はどこからきたのかという問いから見てみましょう。ニーチェの答えは、人間が社会の中で共同して生活するために〈約束する動物〉として生きることを迫られた結果生まれたというものです。

このことについて、本書の中では、〈約束できる動物を育成するという課題は、（中略）この課題の条件として、そして準備作業として、まず人間をある程度まで必然的で、均質な者に、同等な者たちのうちの同等な者に、規則的で、それによって計算可能な者にするという差し迫った課題〉が人類にはあったと述べられています。そして、そのためには〈どれほど多くの過酷さと暴圧と愚鈍と痴愚が含まれていたとしても、大きな意味があり、偉大な根拠があるのだ〉とニーチェは述べます。このことが意味するのは、「社会」という複数人による人の集まりを円滑に運営するには、おそらく「話し合い」だけでは到底敵わないことと思われるので、当初は多少暴力的であっても個々人が構成するメンバーが想定しうる動きをとるよう求めて行く必要があるということです。なぜならば、人々がどう行動するかを、ある一定程度予測できるところに「統治」は成り立つからです（195ページ。デイヴィッド・ヒュームについての解説を参照すると理解が深まるはずです）

この前提に基づいて、約束できない人を「悪」とし、「負い目」を感じさせることが道徳発生の狙いだったとニーチェは考えています。特に人々に「悪」や「負い目」を感じさせる具体的な起源の1つとして「債権者と債務者の関係」を挙げています。

たとえばあの「負い目」という道徳の主要な概念が、きわめて即物的な概念である「負債」から生まれたものであることを、ごくわずかに夢想でもしたことがあるだろうか？

ニーチェがこう考える理由は明快です。それは〈負い目という感情や個人的な義務という感情はすでに指摘したように、存在する限りで最も古く、最も原初的な人格的な関係に根ざすもの〉だからに他なりません。

実際に、刑罰はこの債務と債権の概念に起源があるとニーチェは考えます。それはどういうことかといえば、債務を負った者は、その返済を信用してもらうために、自分の身体や自分の自由などを担保とする契約を結ぶよう求められたということです。一方で、債権者はこの返済を債務者に徹底的に求めるのはもちろん、仮に反故にされた場合、〈債権者は債務者の肉体に、あらゆる種類の辱めや責め苦を加えることができた〉のです。

現代では想像しにくいですが、〈例えば負債の額に相当すると思われる量の肉を債務者から切り取ることができた〉ということもありました。

ひっくり返った善悪の基準が誕生

このような経緯で善悪という概念が人間に浸透したのですが、この概念は永久不変なものではありませんでした。その謎を解く鍵は2つ目の「善悪という価値判断に意味はあるのか」という問題提起を見ることでわかります。

この問いをニーチェが立てたのは、社会を安定化させるために刑罰を強化する中で、意図せざる善悪の概念が生まれたからです。これまでは共同体の中で〈約束する動物〉であることが善とされ、それを突き崩すものが悪とみなされて「負い目」を感じさせていました。そして、それに具体的な執行力を持たせたのが刑罰なのです。

しかし、その「悪」を取り締まるための刑罰を強化しすぎた結果、多くの人の中で自らの欲望を抑圧すること自体が善だという考えが現れはじめたのです。

人間はいまや、自分の外部に敵も抵抗するものもないために、押し潰すような習俗の狭苦しさと規則のうちに閉じ込められ、それに我慢できず、自らを引き裂き、迫害し、歯を立て、追い回し、乱暴に扱うようになる。

かなり劇的な変化といえます。これまでは、あくまで個々人の自由を最大化するために刑罰が存在したのですが、刑罰が増え、それに抑圧されることによって、欲望自体を否定するのが善い生き方だと考えるようになったのです。

ここで、冒頭の問いに戻りましょう。

ニーチェは「善悪という価値判断に意味はあるのか」と問いました。ここまでの話から、それが深い問いだと気づくことができます。なぜなら、ある事柄に対して「善」とも「悪」ともいえる状況が現実に生み出されたからです。

ここの例でいえば、自分の欲に忠実であることが「善」（当然のこと）とされてきた人たちが、いつの間にか自分の欲に忠実であることを「悪」と考えるようにされています。このように１８０度善悪の基準がひっくり返る場合があるのです。

人間の抑圧状態にお墨付きを与えたもの

人間が社会で共同生活する中で「善」と「悪」という概念が生まれました。それは、〈約束する動物〉を養成し、個々人の自由を最大化することを目的としていました。そして、その約束を果たすための具体的な方法として、社会は刑罰を生み出しました。これにより、社会秩序を乱す「悪」を取り締まり、社会の安定性を強化することに成功したのです。

しかし、刑罰による「悪」の取り締まりは、当初の想定とは異なる結果をもたらしました。「悪」を取り締まる刑罰が増えた結果、自分の自由を抑圧することが善いと考える価値観が生まれたのです。こうして、当初の目的からは転倒した道徳観が生み出されました。

これに対して、ニーチェは、「善」と「悪」に意味はあるのかという問いを放ったのです。この「善」と「悪」の概念がそれぞれ二面性を持つという現象は、どちらか一面に加担するものがないのであれば話は終わりますが、そうはいきません。なぜなら、抑圧を肯定する方向に、人間を傾けることを後押しする権威があったからです。その代表例がキリスト教も含めた一神教です。

> 人間はみずからに固有の動物的な本能から解き放たれることができないがために、その究極の反対物として「神」というものを考え出したのである。そしてこの動物的な本能そのものを、神に対する負い目として解釈したのだった。

ここにニーチェの道徳批判が展開されています。

キリスト教は、禁欲を「善」とすることを人間の価値観に刻みました。それゆえ、人間は当初の行動原理とは正反対の行動をとるようになり、人間としての存在の意味が揺らいだのです。だからこそ、このような抑圧にお墨付きを与えるあらゆる権威を批判するというのがニーチェの仕事となりました。

本来の人間性を取り戻すために、〈わたしたちが対決しなければならないのは、まさに善き人々〉なのです。そして〈それだけではない。もちろん穏やかな人々、協調的な人々、誇り高い人々、夢想家、疲労した人々とも対決しなければならない〉のです。なぜなら、これらの人たちはこの支配的な道徳原理をポジティブに見ているにせよ、ネガティブに見ているにせよ、その認識を土台とすることに甘んじている点では批判の対象となるからです。

いろいろと書いてきましたが、ニーチェの本書での最大のメッセージは「一切の価値はつくられたものでしかない」ということです。それは世界中で信仰されてきたキリスト教ですら同様につくられたものであり、人間自体をゆがめる悪しきものなのです。

そういった既存のあらゆる価値観を疑うことをニーチェは強調しています。そして、自分なりの判断をしていくことの重要性を説いたのです。

冒頭で挙げたような昨今の不祥事も、疑うことを忘れ、すでにあった道徳の力に流された結果起きたものです。自らの判断が常に正しいとは限らないとはいえ、目の前で「悪」だと思うことが起きているにもかかわらず、周囲が反応しない場合、毅然として闘わなければなりません。

title: 20

なぜ優秀な人でも犯罪に手を染めることがあるのか？

スタンレー・ミルグラム著、山形浩生訳『**服従の心理**』河出書房新社、2008年

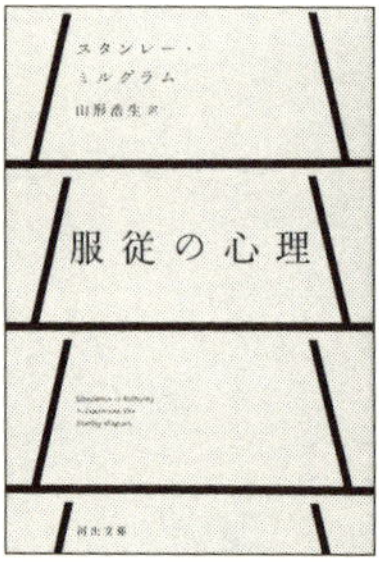

役所や管理職の不祥事がいつの時代でもなくなりません。

しかしながら、驚くべきは、このような人々が「食に困り万引きをした」といったような具合に、明日生活に困るわけでも、怨恨に突き動かされたわけでもなく、悪を為しているることです。また、そういう人が東大卒のエリートだということもままあり、「なんでこんなエリートがバカなことを」と不思議に思った経験は多くの人にあることでしょう。

さらにいうならば、不祥事に加担した本人ですら「なんでこんなバカなことをやってしまったのだ」と思っているかもしれません。ということは、学歴や職歴など社会的ステータスでは測定しえない要因があると考えざるをえません。

特に、一般的な「頭の良さ」をはかるものさしは、物事の善し悪しを判断するには役に立たないように感じます。

些細な話ではありますが、私自身も学生時代に寮で集団生活をしていた頃には、非常に優秀な学歴がありながら人の食べ物を勝手に盗ったり、許諾なく私物化するような人を何人も見て過ごしました。しかも、当人たちは悪びれる様子もないどころか、「先輩なのだから俺がルールだ」と剛田武（ジャイアン）顔負けの論法を駆使するものですから、開いた口が塞がりませんでした。

「優秀とされる人」でさえ容易に悪に加担するような中で、どういう人が「悪」を為してしまうのかについて書かれた名著があります。スタンレー・ミルグラムの『服従の心理』です。

この本は、第二次大戦期にナチスが何百万人というユダヤ人を殺戮したメカニズムの解明を目的とした実験の記録です。テーマとしてはニーチェの『道徳の系譜学』（167ページ）を解説した箇所と少々かぶりますが、まったく異なる角度から人が「悪」に加担するメカニズムを説いています。

人はいつ悪を為すのかを検証した実験

本題に入る前に、実験の背景と概要について軽く触れておきます。

背景として、ナチスのユダヤ人大量虐殺をきっかけにこの実験は生まれました。多くのユダヤ人が殺害されたことが衝撃的であることはいうまでもありません。しかし、その事実と同等に世界を震撼させたものがあったのです。それがミルグラムの実験です。

では、ミルグラムが解明しようとしたテーマは何でしょうか。それは良心と権威の葛藤です。良心が権威に圧倒されたとき、いかなる残虐なことでもできると彼は考えたのです。

その発想は、ユダヤ人の大量虐殺を主導したアドルフ・アイヒマンから得ました。

悪を為すには悪を行う強い意志が必要だと考えられていた中で、アイヒマンの証言は非常に衝撃的でした。当時法廷では、アイヒマンを追及すると、彼は、上司の命令に単に忠実に従っただけで国家に献身的な人間だったという事実しか出てきませんでした。

アイヒマン裁判を見たミルグラムは次のように考えました。

もしかするとアイヒマンに限らず、誰でもアイヒマンと同じような行動をとる可能性があるのではないか、と。

つまり、権威に従うように求められたとき、その行動が悪であると知っていても人は従ってしまう可能性があるということです。彼は、これを実証するための実験を考案しました。そして、生まれたのが「ミルグラム実験」（アイヒマン実験）と呼ばれるものです。
実験の概要は次のようになります。

1　被験者に偽の電気ショック発生機器を持たせる。
2　あらかじめどこまで電圧を上げれば致死に至るかを認識させる。
3　生徒役の人間（エキストラ）を登場させる。
4　その生徒役に何かしらの問題に答えさせる。
5　生徒役が答えを間違えるたびに電圧を上げるように被験者に指示が出る。
6　このことを繰り返し、最終的に電圧をどこまで高めるかを観察する。
（電圧は実際には流れませんが、生徒役の人間は、電流が流れていると被験者に認識してもらうために苦しむ演技をします）

この実験は、単純なものですが、衝撃的な結果をもたらしました。なんと6割を超える被験者が人間を致死に至らせる電圧を加えようとしたのです。そして、なぜそのようなことをしたのかを聞いたときの返答がアイヒマンと同様なのでした。

なぜ電撃を続けたかと尋ねられた被験者の典型的な答えは「自発的にはそんなことはしなかっただろう。単にいわれた通りにやっただけだ」というものだった。

誰が悪を為すのか

これまで、〈一般人は単に命令されたというくらいでは、抗議する個人に対して苦痛に満ちた電撃を加えたりはしない。そんなことをするのは、ナチやサディストだけだ〉という考えが強くありました。しかし、この実験はその仮説を打ち崩したのです。

無作為に集められた被験者が次々と生徒役を致死に至るレベルまで電圧を上げるという結果は、ナチスやサディストではなくても悪を為せることを示しました。アイヒマンは決して「例外的」なのではなく、むしろ、あなたやあなたの周辺にいる人と変わらないのです。

「自分の義務を果たしていただけ」という昔ながらの話だ。だがこれは、その場しのぎの薄っぺらい言い逃れだと思ってはいけない。むしろこれは、権威構造の中で従属的な立場に固定された人々の大多数にとって、根本的な思考様式なのだ。責任感の消失は、権威への従属に伴う最も重要な帰結である。

悪から逃れるには

誰も進んで悪に手を染めたくないと思いますし、自分もそうだと信じている人が多いでしょう。しかし、ナチスの大量虐殺を主導した人物は上司の命令に忠実な人間でしかありません。そして、このことが別の人間でも生じる現象だと実証したのがミルグラム実験です。多くの人がそうなると、生徒役を死に至らしめるほどの電圧をかける姿はアイヒマンと重なります。人間は、権威が存在し、その権威を受け入れたときに、責任能力を失うのです。

この実験を踏まえてミルグラムは結論として、権威の危険性を挙げます。つまり、人間は命令が正当な権威筋からきていると信じるかぎり、多くの人は、行動の中身や良心の制約などにはとらわれることなく、命じられたとおりのことをしてしまうのです。

彼は、「権威」に無自覚であることへの警鐘を鳴らしています。なお、彼はこのような「権威」に対して「非服従」だった人間を取り上げて、服従しない人間にもなれることを示します。その「非服従」は非常に荷が重いものでもあると述べた上で。

実際重要な尺度が非服従の発生にかかっているような実験を行うためには、人が権威からの圧力を跳ね返せるくらいの自発的な力を持っているという信念から出発しなければならない。

訳者・山形浩生の批判

ここまでがミルグラムの『服従の心理』が伝える内容です。しかし、この著書の読みどころは最後の訳者解説にもあります。山形浩生の批判的な解説は非常に素晴らしいのです。

山形の批判で我々をうならせるのは〈「権威に命じられると人はなんでもやってしまうから恐ろしい」というミルグラムの結論は短絡的すぎる〉という指摘です。〈権威には権威たる理由がある〉のであって、〈多くの場合には権威の審査プロセスのなかで、危険なものはかなり排除されるのではないか〉と指摘するのです。

また、「権威」自体を危険視し、服従を逃れるためにあらゆる権威筋から離れるという考えにも山形は疑問を投げかけます。現実では、〈ハリウッド映画ならいざ知らず、凡人が巨大な組織に立ち向かうこと〉はあまりに非現実的なことだというのです。

では山形は我々にどうするように促したか。それは権威に対しては権威で対抗せよというものです。権威自体が変わるためには、それに対抗できる権威をつくるしかないのです。

> 権威には権威として認められるようになるまでのプロセスがある、と述べた。各種の監査や監督プロセス、あるいは市場原理や競合する他組織による相互監視を通じ、その権威や組織の活動が暴走しないよう抑えがかかる。

背景には、権威にもメリットがたくさんあると考えるからです。

たとえば、権威があり、それに従うことができるからこそ安心して生活できるのです。それゆえ、山形が示す道は、〈各種権威をきちんと信頼できるものに保ち、人々はその信頼を前提として、おおむねその権威のいうことに安心して服従する、という今の社会と大差ない状況〉なのです。それが、〈いちばん穏健かつコストも低くて望ましいものだろう〉と彼はいいます。

仮に「権威」に違和感を感じるのであれば、それを〈申告できる仕組みがあればいい〉というのです。何もかも信じられなくなれば、もうそれはヒステリック状態です。

ミルグラムが促す「権威」自体を敵視する方向ではなく、「権威」を社会全体として上手く扱う方法を考える山形の方向こそ、我々がなるべく悪に手を染めることを避けるためにできることではないでしょうか。

第4章 ウソがホントになる世の中で

＊政治について

281_Anti nuke

title: 21 常識とは何か？

『新訳　フランス革命の省察：「保守主義の父」かく語りき』PHP研究所、2011年
エドマンド・バーク著、佐藤健志編訳

「あの人は非常識だ」

この言葉は独自性が高いという意味でいわれるとうれしいですが、日常的に多くの人から非常識といわれることはあまりいい気持ちはしません。普通、人は「常識的でありたい」と基本的に思っているものです。

私個人でいうと、しばしば「君は頭がおかしい」「君は常識がない」といわれ続けているものですから、その思いはすこぶる強く持っています。しかし、この常識的であるということは簡単ではないというのがここでのテーマになります。

要するに常識的であるためには努力が必要なのです。

そう我々に強く指南する名著がエドマンド・バークの『フランス革命の省察』です。エドマンド・バークは「保守」思想の政治の始祖ともいわれています。彼がいうには、この「保守」的な態度こそが常識的であるために必要不可欠だといいます。

彼はそのことを示すために、1つの例としてフランス革命が非常識な人間が集まって行われた下劣なものだと批評しました。なぜ彼はそう考えたのでしょうか。

バークのフランス革命に対する考察から「常識」とは何かを考えてみましょう。「フランス革命」といわれるとずいぶん昔の話だと思われるかもしれませんが、バークのフランス革命への批判は、現代にもつながる示唆になっています。

非常識な態度とは

常識的な態度とは何かを見ていく前に、バークが非常識だと述べている態度について見ていきます。

端的に述べると、〈ある理想を目指す時、現在からの変化は急激でかつ抜本的なものであることが望ましい〉という考えを持つことに対して、バークは非常識な態度だと考えました。

今回の革命はとんでもないものだという確信は、結果的にいっそう強められた。（中略）これは以下の理由による。革命を主導する連中は、時代を超えて人々の間に根付いた良識を軽んじ、新しい観念論に基づく社会制度を一から作り上げようとしている。けれども伝統的な良識の価値を重んじる立場からすれば、ほかならぬ革命派や、彼らが作りたがっている社会制度の方こそ、良し悪しをシビアに評価されるべきなのだ。

バークが頑なにフランス革命時の急進的な変化を批判したのには、明確な理由がありま す。それは、自分たちの理性を過度に信頼しすぎているからでした。

誰もが自分の理性に従って行動するのは、社会のあり方として望ましいことではない。

この言葉には、〈個々の人間の理性など、おそらく非常に小さなものに過ぎないから〉

だという謙虚な姿勢があるのです。

しばしば、自分たちのその場での判断が伝統的な蓄積を上回るとする前提が、急激な変化を求める人にはあります。

たとえば、ある著名な改革派の方は対談本の中で、「私の改革思想はワクワク感から来ている」という趣旨の説明をしていました。こんな幼稚な説明で教授を名乗るのですから開いた口が塞がりませんが、理性を過信するとそういう発想になるようです。

ただ、これについてはこの人だけでなく、今の政治領域におけるリーダーが「改革」「リセット」「革命」だのを連呼しているのを見ると、日本全体に蔓延していることは否定できません。

ところで、どうしてこのような非常識な態度を人はとってしまうのでしょうか。その理由として、誤った二分法へと人々を誘導するいかがわしい論理がしばしば現実世界において用いられることをバークは挙げます。

たとえばフランス革命では、新政府側（革命を起こした側）が王政に苦しむ民衆を煽動《せんどう》することでさらなる恐怖政治を完成させました。その際、新政府側がしたことは、〈新政府による専制支配か、王政による専制支配か、その二つしか道はないと〉思わせることだったとバークはいいます。この二分法はもちろん誤りです。言うまでもなく、他にもやり方は無数にあったはずだからです。

しかし、「この道しかない」といった形で二分法によって煽動することで絶対王政と同等かそれ以上にひどい政治体制を強いることに新政府側は成功したのです。

常識的な態度とは

バークがフランス革命の狂乱状態を見て、この革命が失敗すると冷静に判断できた理由は1つです。

それは、バークが常識的な態度である「保守的な」立場をとったからです。

すべてを0にして、1から理想をつくろうとする急激な改革思想は破たんすると彼は繰り返し述べています。実際、フランスはバークの予言した状態が数百年続きました。

では、この「保守」的な態度とはどういうものなのでしょうか。彼はキーワードとして「国体」というものを挙げています。つまり「国体」の維持を念頭に行動できる者こそが常識的な態度をとれる人間だと考えたのです。

実際、イギリスが安定しているのはまさにこの〈国体がしっかりしているおかげ〉であるとバークは述べています。

では、この「国体」という言葉は具体的に何を指すのか。これについての説明は容易ではありません。なぜなら、この言葉が特定の事物を挙げることを拒否し、〈総合的に判断されるべきもの〉であることを要求するからです。そしてまた、国や地域によっても何が「根幹となっているか」は変わるものでもあります。

なお、バークのケースでいえば彼はイギリスという文脈で王族の存在を非常に評価していました。著書の中で、フランスが王政自体をすべて廃止した一方で、イギリスは絶対王政を廃止し、議会制に移行しつつも象徴という形で王朝を残した点を繰り返し評価しています。日本では天皇制をあげる人が多いですが、「アメリカ」ではないかと皮肉る意見も最近は見られます。もちろん、これは単なる1つの柱であり、国家はそれ以外にもたくさんの柱で成り立っていますので、1つだけを見て評価しろといったわけではありません。

では、何が大事なのかがわからない中で、「常識的な態度」をとるにはどうすればよいのでしょうか。

それは、「固定観念」です。「固定観念」と聞くと、「ないほうがいい」というイメージがあります。そして、打ち捨てることこそがいいことだと思っている方も多いでしょう。

しかし、バークは「固定観念」をポジティブに評価します。「固定観念」は我々を常に良い方向に導くわけではないですが、望ましい固定観念は、個人も社会も善き方向に導けるのです。

人間はいつでも善いことをするとは限らないものの、望ましい固定観念に支えられれば善行をする習慣が身につく。つまりは社会に対する習慣が身につく。つまりは社会に対する義務を、本能的に果たすようになるのである。

バークの頭には18世紀以降、諸手を挙げて絶賛した「自由」という概念が念頭にあったと考えられます。一般的には多くの人が制約にあたるものがないほうが自由であり、幸福につながると考えてしまいます。フランス革命もそのような民衆の感情が爆発して生じた革命であり、既存の秩序から来る抑圧からの解放を目指した運動でした。

しかし、「自由」は無制限に拡張されつづけ、制約を与えなければ、社会の総和として不自由な帰結を生み出すことがあるのです。

自由には道徳が不可欠なのだ。頭が空っぽのくせに「自由、自由」と叫びたがる連中は不愉快きわまりない。思い上がりもいい加減にしろと言いたくなる。

交通ルールがないと自動車事故が多発したり、円滑な運転からむしろ遠ざかったりすることをイメージしていただければよいかもしれません。

すべての人が「保守的」であるべき理由

昨今「保守的」という言葉は、よくネガティブな文脈で使われます。「保守的な生き方」や「保守的な人」という言葉を聞いて、いいイメージを持つ人はあまりいません。

一方、「変化」や「改革」という言葉を聞くといい気持ちになる方がいるのではないでしょうか。しかし、バークがその行く末を見抜いたとおり、急激な変化や改革を好む思想は良い結果をもたらしません。バークはあくまで国家について言及していますが、次の言葉は我々自身にも当てはまります。

国家のあり方を変えてはならぬと主張しているのではない。だとしても、あらゆる変更の目的は、これまで享受してきた幸福を今後も維持すること、すなわち保守に置かれるべきである。

今の日本に住むすべての人が捨てるべきなのは、政治にも経済にも企業にも個人にも蔓延している「とにかく変わらなければならない」という安易な思想です。

日本では残念ながら「どう変えるか」に対する緻密な議論を放棄し、とにかく変化したことに満足し、非常に痛い目を見ています。

一例を挙げれば、ここ10～20年の政治は「民間の声を取り入れよう」とか、「民間の資金を活用しよう」という名目で行われた「改革」が多数ありました。しかし、実態は単なる特定事業者への公共財の売り飛ばしに過ぎないものばかりでした。これは「国民」という視点に立てばありえないことをやってるわけですが、なぜかそういう勢力が「保守」を名乗っているのです。もちろん、それを見過ごした国民の側にも責任があります。そういう意味で、改めて現状に不満があるからといって、現状を放棄することが良い結果になるわけがないということは、我が国の人にこそ頭に叩き込むべきことです。

今は、この常識を取り戻すことが求められており、バークが読まれるべき時代なのです。

title: 22 「国家」はどのようにして誕生したのか？

ヒューム著、土岐邦夫、小西嘉四郎訳『原子契約について』（『人生論』収録）中公クラシックス、2010年

「これからはグローバルな時代だ。国家は溶けてなくなっていく」

こういう言葉をよく聞くようになりました。それゆえ、「日本という殻に閉じこもっていてはいけない」という主張や「海外留学をしたほうがいい」という主張が注目を集めるようになりました。

しかし、これから先、本当に国家は溶けてなくなるのでしょうか。

たとえば、EU離脱が国民投票で賛成多数になったイギリスの例や、メキシコとの国境に壁を設けるというトランプ大統領の例は冒頭の言葉の反証ともいえます。つまり、最近では、国家意識は失われるのではなく、逆に強まっているのです。

これは、日本においてもそうで、外国人労働者を大量に受け入れはじめ「グローバル」の道を歩みはじめたとされています。しかし他方で、そういった外国人受け入れによって生じたトラブルにより受け入れに強く反発する層も現れました。

そこで、このような時代の転換点だからこそ「国家」という概念を知るために読みたいのが、デイヴィッド・ヒュームの『原始契約について』です。

この本では、国家が生まれるまでの過程について思索が深められています。

ヒュームが語る国家形成の起源を踏まえると、「国の壁が溶けていき、何らかの統一システムができる」という言葉が極めて短絡的なものだとわかります。

一般的な国家形成の2つのプロセス

ヒュームが国家の起源をどう見ていたのかを明確化するために、一般的な国家形成のプロセスについてここでは軽く触れます。

まず、1つ目が、神によりつくられたというものです。

実際、一方の政党（トーリー党）は『政府』の起源を求めて『神』にまでさかのぼり、それによって政府を神聖不可侵なものに仕立て上げようとしている。

ここでは例としてトーリー党というイギリスの政党を挙げていますが、日本でもいわゆる「保守派」の人の中には神の理論を支持する方がいます。

しかし、ヒュームは神による国家形成が行われたという論理を批判的に見ます。なぜなら、この考え方は統治者の権能を「神の摂理」とする恣意《しい》性が含まれているからです。

仮に、すべてが神の摂理だという立場をとると、山賊や海賊の類も「神の摂理」と容認されるのです。

つまり、現実に起こる一切の出来事は、神の摂理の一般計画のうちにあらかじめ含まれている。したがってこの点では、最も偉大な、最も合法的な君主といえども、下級の官吏どころか、王位横領者や山賊・海賊の類とさえ少しも異ならないのであって、彼らと同様、特別の神聖さや不可侵の権威などの要求できる筋合いはないのである。

次に2つ目は、人民の同意や契約によって国家が誕生したというものです。

> 他方、もうひとつの政党（ホイッグ党）は、政府は、全面的に『人民』の同意に基づくものだとして、一種の原始契約の存在を考える。

この考え方はホッブズやルソーといった「社会契約論」に見られます。こちらは、1つ目よりも、現在の民主主義下に生きる人々にとって一般的な考え方ではないでしょうか。しかし、こちらもヒュームは批判します。なぜなら、彼らが描くような広範な多数者の合意は現実的に不可能だからです。

> したがって多数者自身の同意がなかったならば、また多数者自身の、平和と秩序のもたらす利益に対する考慮がなかったならば、何物もそのような支配力を持つことはできなかっただろう。

ヒュームの描く国家形成のプロセス

では、これまでの2つと異なる立場をとるヒュームは国家の形成過程をどのように捉えたのでしょうか。端的にいうと、力による征服だと彼はいいます。

彼はこの考え方の妥当性を2つ目の社会契約的考え方と対比させて述べます。

> 現に存在している、あるいは歴史のうちになんらかの記録をとどめている政府は、そのほとんど全部が、権力の奪取かそれとも征服に、あるいはその両方に起源を持っており、人民の公正な同意とか自発的な服従とかを口実にしたものはない。

人民による自発的な同意のもとで国家ができたというストーリーは、論理としてきれいで、民主主義国家で生活する我々にとっても受け入れやすい内容です。実際、ホッブズは性悪説の観点からルソーは性善説の観点からこのように述べました。

しかし、あくまでヒュームはいずれの立場にも賛同せず、〈同意が多少とも行われたことは滅多になかったし、まして完全な程度にまで行われたことは一度もなかった〉と述べるのです。

ヒュームは人間の本性の善悪を考えることに意味はないと考えていたのでしょう。

人間がもともと善であるにせよ悪であるにせよ、人が集まり国家を形成しようとしたときに起きたことは力による支配だったのです。その厳然たる歴史の教訓を伝えたいのです。

> 小王国が発展して大帝国となり、大帝国が分解して小王国となり、植民地が建設され、民族移動が行われる、こうして地球の表面はたえまなく変化していく。このあいだの一切の出来事のうちに認められる者は、力以外の何者であろうか。盛んにもてはやされているあの相互協定とか、自発的結合とかは、いったいどこで行われているというのか。

ヒュームの国家論のメッセージ

このヒュームの国家論が教えてくれることはさまざまあります。

その1つは、新たな統治形態を形成しようと試みるところには力による闘争がはじまるということです。歴史が教えるところでは、新たな統治形態が同意によって形成されることはほぼありません。

仮に〈同意が存在したように見える少数の事例においても、それは、はなはだ変則的で制限つきであったり、あるいは、ペテンや暴力を多分に混えたものであったりするのが普通でしたから、重大な権威をもつことは〉できないとヒュームはいいます。

現在、グローバル化の流れの中で盛んに近代国家システムの解体が叫ばれています。その際、しばしば「個人が国家権力から解放される自由な時代が到来」するというポジティブなイメージが帯同しています。

しかし、近代国家システムを放棄することが個人の自由につながるのでしょうか。ヒュームの考え方を前提にすれば、仮に近代国家システムに欠陥があり、放棄されるにしても、その結果個人がいかなる支配からも自由になるような世界は到来しません。人が集まるところには力による闘争と抑圧が必ずあるのです。より不自由な世界にもなりえます。

では、こういった既存のシステムに綻《ほころ》びが叫ばれる時代にはどうするのが正解なのか。ヒュームが説く道は、どの道にせよ支配があるならば、既存の政体の支配を選ぶことが正解だというものです。

これはもちろん、既存の政体が行う支配を無批判に受け入れろというのではありません。ただ、安定性という点において完全にゼロスタートを切るよりははるかに理にかなっているのです。

彼がこの主張を通して伝えるのは、現状の支配を嫌悪するあまり暴力的な革新に走るのは最悪だということです。

言い換えれば、〈暴力的な革新から期待される結果は、つねに幸よりも不幸である〉ということであり、〈歴史がこれと反対の実例を提供するようなことがあっても、それを先例に数えてはならない〉ということです。

title: 23 多数決とは何か？

ハンス・ケルゼン著、長尾龍一、植田俊太郎訳『**民主主義の本質と価値：他一篇**』岩波文庫、2015年

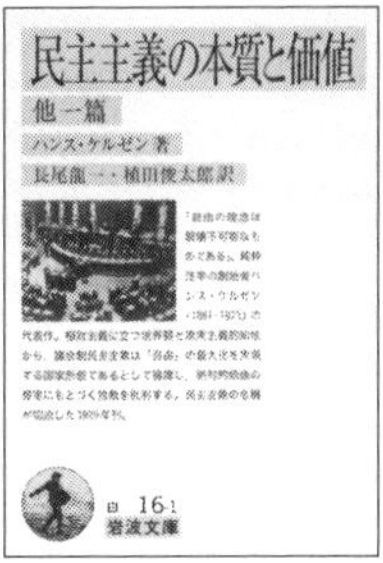

「では、会議も終盤になってきましたので、最後は多数決で決めます！」
「どこに行くかは多数決で決めましょう」
「どちらの意見が正しいか多数決で決めましょう」

政治の世界では常識ですが、一定数の人が集まって議論を経た末に、ほぼ必ず多数決をとります。一番頻繁に用いられる決議方式といっても過言ではないはずです。

ところで、なぜ多くの人がこの方法を採用するのでしょうか。

理由として、「最も多くの人が賛成しているから、意思決定の妥当性が高い」と考えるからかもしれません。まさに我が国の国会では、そう考えている政治家が多数います。先

の国会では外国人労働者の拡大を促す法案が世論の懸念などをよそに、過半数だから好き放題やらしてもらうよと言わんばかりの進め方で採決されました。

しかし、「多数決」をこのように理解することは不適切だと指摘する本があります。ハンス・ケルゼンの『民主主義の本質と価値』です。

この本では、一般的な多数決のイメージを批判し、多数決がどういう理念で生まれたのかを教えてくれます。なお、ケルゼンは、同書で民主主義の本質についても書いています。「民主主義」というと堅苦しいですが、我々も含めた「民衆」を中心に物事を進めることは政治に限らず日常では腐るほどあります。そういう意味で非常に身近な話題です。

多数決についての誤解

多数決を「多数派の立場であれば何をやってもＯＫ」と理解している人がかなり多いようです。しかし、「多数派なのでやりたいようにやらせてもらうよ」という前提は間違っています。それは民主的なやり方とはいえないとケルゼンは考えています。その理由は、〈逆流の存在可能性〉（異なる意見を持つ人が存在できる余地）が欠けているからだといえます。

このような強硬的態度は民主主義的というより、むしろ専制支配的な考え方に近いのです。

専制支配といえば、「ルイ14世やナポレオンなど昔の時代にあったもの」という認識の方がいるかもしれません。しかし、気をつけなければ、民主主義の世界においてもそのような専制的支配が常態化する可能性があります。

それゆえ、ケルゼンは〈民主主義の前提する社会的均衡状態は、心理学的現実において、実際に「お互い折り合っていく」態度〉を持つことが必要だと述べます。この折り合うというのが多数決の原理を採用する上でなぜ必要なのでしょうか。

多数決の原理

まずは、ケルゼンの多数決原理への考え方を見ます。ケルゼンの考える多数決の原理は、「この意見は多くの人に支持されているから正しい。だからいうことを聞け」という論法が明確に誤りであると述べています。

なぜなら、多数決の原理は多数派のほうにではなく、「少数者側の保護」にこそ存在するからです。これは一般的な理解とは異なります。少数派の尊重こそが多数決の原理だと繰り返し述べています。

なぜ、ケルゼンはそう考えるのでしょうか。その理由を次のように指摘します。

多数決原理は、（中略）原理が経験上少数者保護と親和的であることにすでに示されている。なぜなら、多数派ということは概念上少数派の存在を前提としており、それゆえ多数者の権利は少数者の存在権を前提としているから

つまり、「多数」から「少数」を意識するのであり、その無意識の反応が多数決の原理が生きている証拠だと述べているのです。

しかし、ケルゼンは少数派の意見を優先するという意味で多数決の原理を見いだしているのではありません。なぜなら、彼の主張は「多数派は少数派の意見を採用しろ」というものではなく、多数派と少数派による「妥協」を求めているからです。理由として〈議会制手続きというものは、主張と反主張、議論と反論の弁証法的・対論的技術から成り立っており、それによって妥協をもたらすことを目標としているから〉だと述べています。

つまり、賛成派と反対派が意見をぶつけることで、思いもつかないようなより多くの人々が満足する結論が生み出せるのです。

たとえば、「移民を受け入れるべきかどうか」というトピックがあったとして、それぞれ賛成と反対に分かれるとします。この際、賛成が7割いたとしたらどうなるか。賛成多数だからといって、移民を全面的に解禁することになるのでしょうか。ケルゼンの多数決の原理に従えば、おそらくそうなりません。

なぜなら、賛成する側でも反対派の意見を聞いて「全面的に移民を解禁すること」はまずいなと考える人が出てきます。一方で、反対派でも「期限を厳格に決めるのであれば一部賛成」という意見が出ることが予想されます。

まとめると、ケルゼンは多数決の原理として少数派の尊重を指摘しました。理由として、少数派の意見を採用するのではなく、討論による妥協こそが民主的なものの本質だという信念から来ています。

多数派も少数派も議論を通して妥協をすることで、より多くの人が納得できる結論を導き出すことを目指せということです。

多数決をする際に気をつけること

ケルゼンはあくまで政治的意味で多数決を語っています。それでも、日常生活で同様の決議方式を採用する現代人にとっても、彼の意見から学べるところが多いと思います。

ケルゼンの話からすると、「妥協」が悪というわけではないのです。「妥協」が悪にしか思えない場合、ケルゼンの意見を誤解している可能性があります。

〈イデオロギー上は、すなわち民主的自由思想の体系における議会手続きの意味は、被治者の意志と最大限一致する団体意志を形成すること〉であって、〈「多数者が少数者をも代表する」「多数者の意志が全体の意志である」という擬制を受け〉るという解釈ではいけないのです。妥協の中でより多くの人が納得できるものを生み出すのが民主的なやり方なのです。

なお、妥協を生み出す上で忘れてはいけないことがあります。それは、議論すること自体に価値を見いだすことです。

より多くの人が納得するためには、より多くの人と十分な議論をすることが必要です。このプロセスを省略してはなりません。当事者だけでなく、外部の意見を聞くことも大切です。より多くの視点から検討することが、平和的かつ民主的結論につながるのです。

この激しい対立を、（中略）平和的・漸進的に調整することのできる形式があり得る

とすれば、それは議会制民主主義という形式である。そのイデオロギーは、社会的現実においては到達できない自由であるが、その現実は平和である。

現代では、「早く結論を出すことがいいことだ」という風潮があります。しかし、そのようなスピードは時には必要かもしれませんが、あくまで例外です。より多くの人に納得してもらうために、議論の時間を省いてはいけないのです。

title: 24

民主主義はどうすると失われるのか？

『いかにして民主主義は失われていくのか：新自由主義の見えざる攻撃』
ウェンディ・ブラウン著、中井亜佐子訳
みすず書房、2017年

現在の日本は、「失われた30年」とまでいわれるようになりました。実際、給与の伸びは停滞しています。

たとえば、国税庁のデータでは、平均給与が平成19年と比べて平成29年のほうが低いことが示されています。私が日本経済の悪い指数を恣意的に集めているというご指摘もあるかもしれませんが、現実的に各種調査から「日本の見通しは明るい」という結論を出すのは非常に難しいのです。これは経済に限ったことでもなく、期待した政治家が世の中をさらに悪くするという状況を見ても理解できます。

なぜ、これほどまでに日本は停滞しているのかという疑問について考えてみましょう。

その答えの1つとして、より多くの民衆を幸せにすることを目標とする民主主義的な統治形態が、新自由主義というイデオロギーにより破壊されつつあるためだと語るのが、ウェンディ・ブラウンの『いかにして民主主義は失われていくのか』です。

ブラウンの次の言葉に、日本停滞の原因が表れているのです。

> 目的は、いかに新自由主義的合理性の支配が民主主義の理想的、想像的、政治的なプロジェクトを危険に陥れるかを示すことだった。

新自由主義が民主主義を破壊する理由

ブラウンの考え方から日本がなぜ停滞しているのかについて見ていきます。

端的にいえば、日本の各仕組みが国民のためにつくられたのではなく、新自由主義的思想に基づいた政策下で再構築されたからです。ここでの新自由主義的政策というのは、〈社会基盤を解体し、公共財を民営化し、通商を規制緩和し、社会的連帯を破壊する〉ものを指します。

日本でも次々と規制緩和や民営化という形で、新自由主義的な統治機構の改革が行われています。

このような新自由主義思想の進展過程を分析したブラウンは、新自由主義思想が蔓延した先は民主主義の破壊だとブラウンはいうのです。理由は民主主義と異なり、この思想が〈あらゆる領域へ競争を普及させること〉を目標とするからです。もちろん、「競争」のすべてが否定されるべきではありません。しかし、先述したとおり「競争」を社会の隅々に行き渡らせると社会的連帯が壊れ、個々人の不安が蔓延する社会になるのです。

そのため、我々が民主主義を維持するために、「思想」と闘うことを彼はすすめます。そして、その思想が〈ほかの政治的、社会的理性の命令にとって変わられない限り、滞りなく継続しうる〉と気づくことを促します。

ただし、この問題はそれほど簡単ではありません。実際は複雑で根深いのです。

冷静に考えてみると、民主主義の破壊が民衆側に不利なものであれば、もっと前に国民が批判していたはずだからです。しかし、現実は多くの国民が積極的に新自由主義思想を歓迎しています。ここが問題の複雑さを示しているとブラウンは考えるのです。

民主主義が民主主義を否定する不思議

では、この不可解な現象をブラウンはどのように理解したのか。彼は人間が民主主義を否定することを是とするようにつくり変えられたからだと説明しています。

具体的には、「私的利害を重視する」というこれまでの経済学が想定してきた人間が、〈自身の活動を企業化し、価値を評価し、評価と格付けを高めようと〉する人的資本と呼ばれる人間に生まれ変わったのです。この改造が行われると、「競争」の過程に組み込まれ、本質的に信じられるのは、自らの市場の「価値」を高めるものだけになります。

なお、ここで多くの人が気になることがあるでしょう。このように人間が改造されたきっかけのことです。

彼は、そのきっかけとして興味深いことを指摘しています。それは〈民主主義的政治理念に新自由主義的思想がひっそりと入り込むことで達成された〉というのです。著書の中で彼はこれを〈政治的なものの新自由主義的経済化〉と呼んでいます。ブラウンが意図するのは、民主主義的価値の文脈で使われていた言葉が市場価値に隷属する文脈にすり替えられたというものです。

「自由な働き方」という言葉で説明するとわかりやすいかもしれません。この言葉をある財界人が２０００年台初頭に叫んだ際、多くの人がその言葉に期待し、それが実現することを歓迎していました。

しかし実際には、この「自由な働き方」がどういうものだったかはいうまでもありません。新自由主義的文脈の延長で、今までになく市場の「競争」にかけられ、抑圧的でお世辞にも「自由」な働き方とはいい難い状況に多くの人が追い込まれたのです。

日本は民主主義をいかにして取り戻すべきか

では、このような価値観の下に置かれている現在では、どのように「市民による統治を根本原理とする」民主主義を取り戻せばいいのでしょうか。

ブラウンの回答は、まずは我々が今どういう価値基準で動いていて、本来はどうあるべきなのかを改めて再考するというものです。つまり、自分たちの世界が新自由主義を土台としていることに気づく必要があるのです。なぜなら、新自由主義の下ではいかなる行動をとっても無駄なのです。ブラウンによれば、新自由主義化された統治に加担している多くの人が、経済の要求や命令ならなんでも受け入れる状態になっています。その筆頭に、仮に今の自分が不遇の状態にあっても、すべてを「自己責任」として背負い込んでしまうよう調教されている人が挙げられます。

> ともかく能動的な市民性が衰退して自己を責任化された人的資本として育成するということに還元されるにつれて、自己犠牲的な市民性は拡大されて、経済の要求や命令に関連するものならなんでも受け入れるようになっている。

だからこそ、いかに自らを市場に適応させるのかという発想ではなく、どのようにすれば市場が人の幸福につながるようになるのかを考えることが急務なのです。これこそが真に停滞を突破する改革でしょう。

ただし、この考え方は、一見簡単そうに見えても、日本社会では一向に進んでいません。多くの日本人が、新自由主義的改革が進むほど、ますます停滞感を感じる一方で、さらにそのレジームを強化しようとしています。もうこのまま日本は民主主義を失う道を歩むしかないのでしょうか。この本を読むとそんな気がしなくもありません。

ただし、ブラウンは楽観的な人のようです。彼の中では、1人でも多くの人が思想を変えることができれば、世の中は動くと期待しているようです。彼の期待どおりになるかどうかは我々にかかっているのです。

title: 25

グローバル化が進んだ先の世界はどういうものなのか？

エマニュエル・トッド著、石崎晴己訳『**帝国以後：アメリカ・システムの崩壊**』藤原書店、２００３年

人、物、金、情報……これらが国境を超えることをグローバル化と呼びます。そして、現代はグローバル化の途上であり、今後ますますこれらの資源が世界を飛び回ると多くの識者が予想しています。

今もＬＣＣが次々に登場し、格安で海外に行けるようになったり、ボタン１つで世界の端へと送金ができたりする世の中になっていることなどから、グローバル化が進む様を肌で感じている人は多いでしょう。

しかし、グローバル化がこのままの調子で進まないという未来予測を行ったのが、エマニュエル・トッドの『帝国以後』です。フランスで２００２年に出版されたこの本は、

今日までの時代の大きな流れを的確に予測したといわれています。

歴史人口学者であるトッドは、ソ連の崩壊やトランプ大統領の誕生を予言するなど非常に先見性の高い人物なのですが、そのトッドが21世紀に入って盛んに述べているのがグローバル化を実質的に牽引してきた「アメリカ帝国」の崩壊なのです。

テーマは少々壮大ですが、我々の生き方にも関わるものです。なぜなら、多くの識者がグローバル化に賛成するにせよ反対するにせよ、「その流れは止まらない」と述べている中で、もし彼のいっていることが正しい場合、我々が「グローバルな世界」に適応しようと努力を重ねることは見返りのない徒労に終わる可能性が高いからです。

世界は統一には向かわない

まず、トッドの主張とは何か。

それは、21世紀の大きな流れとして、今日でも想定されている世界統一は起きないということです。なぜなら、世界が統一化に向かう前提としてアメリカの覇権維持が必要ですが、〈アメリカ合衆国を旗頭とする、一切の規制を排した型の資本主義体制は、ますます正統性を失いつつある〉からです。つまり、アメリカ主導の市場原理を何よりも優先し、それを邪魔する規制はすべて廃止してしまおうという資本主義体制は、正統性を確保できずじまいになるということです。

では、なぜそう述べるのでしょうか。

アメリカ衰退の要因

トッドによれば、アメリカの弱体化の原因は第二次世界大戦後の歴史を概観することで理解できるといいます。

第二次世界大戦後のアメリカはソ連と冷戦をはじめました。その際、アメリカは日本や欧州が共産主義国家に取り込まれないよう「帝国」を形成したのです。この「帝国」に加入させられた欧州や日本には、〈アメリカ合衆国のイデオロギー的選好に対応するゲームの規則が押し付け〉られました。

このゲームの規則というのは、アメリカによって設定された「通商と金融の規則」をさします。つまり、欧州や日本はアメリカの定めたルール下にある保護領のような状態だったのです。

ただし、アメリカが「帝国」への加入時に「押し付け」たルールは、欧州や日本にとって悪いものではなかったのです。なぜなら、それらは、マーシャルプランや自国の市場開放を促すものだったからです。

実際、アメリカがつくったルールにより、貿易黒字の恩恵にあずかることができた欧州や日本は、急速に戦後復興を果たすことに成功しました。

一方で、「押し付けた」側のアメリカは深刻な衰退に直面します。

なぜなら、〈己の経済的優位が恒常的で永遠不変である〉と過信し、ソ連の脅威に対して軍事面に偏り、〈己の工業の広範な分野を犠牲にする〉ことになったからです。

その徴候は1970年初頭に現れた貿易赤字に見られ、それ以降、貿易赤字は拡大の一途をたどります。

アメリカの現在の立ち位置

アメリカの2001年における貿易収支を見たトッドは、アメリカの貿易赤字国において主要国がほぼすべて網羅されていると述べました。

驚くべきは、最新データにおいてもこの傾向は一切改善していないことです。むしろ貿易赤字額についてはトッドが使用したデータと比較して2〜2・5倍程度に拡大しています。

このことから、〈終戦直後の過剰生産の自律的な国であったアメリカ合衆国は、いまや1つのシステムの中核となったが、そのシステムの中でアメリカの果たす使命は生産ではなくて消費〉側になったということがわかります。

もちろん自国の経済が外国からの供給がないと回らないのはどの国も同じです。しかし、アメリカはその依存度が非常に高く、年々その傾向が顕著になっているのです。これは我々のイメージする「強いアメリカ」とはかけ離れたものです。

では産業力を失い、国家としての自律性が失われたアメリカは何をはじめたのか。

それは〈これ見よがしに帝国の振りをするために、非強国の分野で通用する軍事的・外交的行動を選ばざるを得なく〉なったのです。

要するに、低い産業力を強い軍事力により補おうとしたのです。

その例が、21世紀においても今なお続いているアメリカの中東への軍事介入です。これは自らの弱さを隠蔽するための見世物だとトッドはいいます。だからこそ、その見世物には勝てる相手を選んでいるのです。

少し前は「イラク」で、次は「シリア」、今は「イラン」になっています。決して、ロシアや中国を相手には選んでいません。アメリカが21世紀にしていることは、中東の多くの〈防衛能力も持たぬ国を海上封鎖し、取るに足らぬ軍隊に爆弾の雨を降らせる〉行動なのです。

日本の一部マスコミが報じる内容だけを見ても、中東の国が悪いテロ国家であり、アメリカは秩序を維持するべく戦っているかのようなコンテクストが見えます。

しかし、トッドによると、それはプロパガンダであり〈今日地球上にのしかかる全世界的均衡を乱す脅威はただ1つ、保護者から略奪者へと変質した、アメリカそのもの〉なのです。

最近でいうと「対中国包囲網」としてのアメリカの動きなども、ここまでの話が関わっている可能性があります。

アメリカの今後

このように崩壊の予兆が各所で見える中で、トッドは〈二〇五〇年前後にはアメリカ帝国は存在しないだろうと、確実に予言することができる〉と述べました。

もちろん、これはアメリカという国家自体が消えることを意味するわけではありません。

アメリカの下で運営されて来たさまざまなルール（これを一言でいえば「グローバル化」といってもいいでしょう）は数十年も経てば終わりを迎えるということです。

その兆候はすでに現れています。それは、前述した多額の貿易赤字からわかる産業力の著しい衰退です。20世紀に謳歌したアメリカ「帝国」の見る影はそこにはないのです。ひたすら貿易赤字が積み上がる今のアメリカは、世界で「消費」という役割しか果たせていないのです。まさに〈一種ブラックホールのごときものになって〉いるのです。

これらのことから、アメリカが「消費」の役割を果たす構図が今後も続くのではないかという疑問が出るかもしれません。

しかし、その論理には1つ条件が必要です。それは〈絶対的な軍事的・国家的強制力〉が今後も維持されることです。ただし、トッドはアメリカの軍事力が「帝国」を運営するほど絶対的なものとは言い難いと考えています。その例として、中東などへ戦争を仕掛けては、結局泥沼化している状態が挙げられます。

軍事力もおぼつかない現在のアメリカは、〈ヨーロッパと日本を筆頭とする被支配的周縁部の指導階層の善意に完全に依存〉することで多くの赤字を相殺させ、なんとか「帝国」としての体裁は保っています。

たとえば軍事産品の購入や米国債の購入などはその一例です。しかし、古来の〈権威主義的なやり方で行われるのではなく、「自由主義的」なメカニズムによって行われる〉この調整方法は、被支配的地域の自発的意志を基礎としているため、いつ梯子が外れるかわかりません。その時期は数十年以内ではないかとトッドは考えています。

トッドが述べてきたことは随分と壮大なテーマで、トッドのメッセージをどのように解釈すればいいのか理解することは難しいかもしれません。しかし、簡単に述べれば、彼のメッセージは「アメリカ帝国」という幻想を早いところ捨てされというものです。

日本のメディアはアメリカの実態を報道しません。だから、シリコンバレーだのボストンだのウォール街だのを「すごい」と持ち上げ続けています。

たとえば、「起業大国」というイメージも実態とはかけ離れています。確かに米国労働省労働統計局の調査によれば起業される数自体は増加しているのですが、一方で5年後の生存確率というのは40％程度と非常に低くなっています。

この数値は日本の場合、80％程度存続しているため、法人登記というものをゴールにすれば確かにアメリカは「起業大国」ですが、事業存続という点からいえば日本がアメリカから学ぶことなどもはやないのです。

またOECDが行った2018年の自営業者の割合に関する調査でも、イメージと異なる指標が読みとれます。40カ国中、アメリカは最も低位になっているのです。これはトップのコロンビアの8分の1ほどであり、もちろん日本よりも低い数値となっています。

確かに同機関の別の指標の中には、アメリカ人のほうが日本人よりも起業に対する関心が高く、そして関心のある者のうち実際に起業を行う人の割合が高いというものはありません。

しかし、いずれにしても、「アメリカが起業大国であり、見習う必要がある」という文脈は極めて疑わしい仮説であるといわざるをえないのです。かつてはそうだったのかもしれませんが、今日のアメリカの実態をひもといていくと疑うほうが理にかなっています。おそらく、数値の評価の仕方次第では、日本のほうが現状ですでに「起業大国」といってもいい可能性があるのです。

「これからはグローバルな時代だ」と叫び、「アメリカ化」するように促すことが「時代遅れ」だといわれるときが本格的に来るのではないでしょうか。

title: 27 なぜ西欧は世界を支配することができたのか？

『リオリエント：アジア時代のグローバル・エコノミー』
アンドレ・グンダー・フランク著、山下範久訳
藤原書店、2000年

ここ100年ほど世界の覇権を握ってきた国はどこかと聞かれると、どの国を答えますか。おそらくアメリカと答えるのではないでしょうか。ではその前はと聞かれたらどう答えますか。おそらくイギリスだと答えるでしょう。

このように我々は、ここ200年から300年の間に、世界の覇権を握ってきたのは欧米だと答えます。

しかし、どうしてヨーロッパが世界の覇権を握ることができたのでしょうか。そして、今後もこの流れは続くのでしょうか。そこで、このような歴史の大きな流れを見るために、アンドレ・フランクの『リオリエント』を取り上げます。

ところで、このような歴史の大きな流れの話は、我々庶民にとっては遠く感じることがあります。しかし、次のように考えてみてください。仮にこれからの時代が、我々のイメージするような欧米主導の時代ではなくなる場合、生き方を変える必要性が出てくるのです。

今、日本ではシリコンバレーをことさらに持ち上げたり、アメリカの大学に留学することを過大に評価したりしています。他にも例を挙げればきりがありません。１つ言えるのは、これらがすべて欧米優位の世界システムを前提にしているということです。

しかしながら、この本を読むと、遅かれ早かれ、このような無意識の欧米優位思想の見直しが迫られる可能性に気づきます。

西洋が優れていたから覇権を握れたのか？

アンドレ・フランクの斬新な意見は、端的にいうと、西洋人であるにもかかわらず、西洋優位の認知バイアスを克服している点にあります。

つまり、西洋人が世界で優れていたから覇権を握ることができたという通念を彼は覆したのです。

その通念は大きく分けて２つの誤認によるとフランクは考えています。

1つは〈例外的に優越であるという想定をした上で、その根拠を、ヨーロッパの属性であると〉考えることです。

そして2つ目が、ヨーロッパの繁栄理由を〈ヨーロッパの内部に探して〉しまうことです。両者に共通するのは、世界史を知るためにヨーロッパしか見ていない点です。しかし、彼はこのようなスタートからして西洋優位の世界観を批判します。

では、フランクはどのように歴史を捉えるべきだと考えたのか。簡単です。世界史なのだから東洋にも目を向けるべきだというのです。〈世界経済そのもの全体の構造と作用において、「西洋の勃興」と「東洋の没落」の理由を探す〉ことがより正確な歴史認識につながるからです。

フランクの態度は、当然のことのように思えますが、〈マルクスやウェーバーから、ブローデルやウォーラーステインに至るまで、拡大鏡や顕微鏡まで持ち出しながら、ヨーロッパの街灯の光だけを頼りに、被説明要因を探しもとめるという、場違いな具体性に陥っている〉とあるように、西洋優位の歴史認識が当然のこととされてきた実態が思想史にはあるのです。

他人事のようにも聞こえますが、実は我々日本人も西洋優位の偏った歴史認識を持っています。

その代表的な例として、〈産業革命の、これらの技術的発展は、ヨーロッパだけの業績〉と見なしている点が典型的です。産業革命が、ヨーロッパで自然発生した多くのイノベーションにより生じ、世界を席巻し、覇権を握るに至ったという筋書きです。

もしかすると世界史の教科書がそう教えているのかもしれません。しかし、フランクはこのようなヨーロッパから自然発生的に産業革命が起きたという歴史観も批判的に見ているのです。

西洋が覇権を握れた理由

そういった意味で、より世界史を深く理解するためには、東洋にも目を向け西洋中心の世界システムがもたらす認知バイアスを退ける必要があります。遠回りに見えるかもしれませんが、こうすることによって西洋が覇権を握れた理由にもたどり着くのです。

では西洋が覇権を握ることができた本当の理由は何なのか。

これには大きく3つのポイントがあります。

1つ目が、東洋経済網のおこぼれにあずかることができたことです。

2つ目に、大量の銀をアメリカというフロンティアから持ち出すことに成功したことが挙げられます。

最後が、東洋という巨大経済圏の衰退です。

順に見ていきましょう。

はじめの東洋経済のおこぼれにあずかることができたという話には、まず大前提として、18世紀までの3世紀ほどの間、ヨーロッパが競争力において圧倒的にアジアに劣っていたことを挙げなくてはなりません。ここでいう「競争力」は何かというと「貿易収支と貨幣の流れ」です。

実際、18世紀以前のヨーロッパは競争力のある輸出産品もなければ他の諸地域のように金や銀の輸出で穴埋めすることもできない弱小国でした。それを示すように、ヨーロッパの国は大幅な貿易赤字国だったのです。その貿易赤字の埋め合わせのためにヨーロッパが行っていたのが、アジアを中心にして構築されていたグローバル・エコノミーの物流機能を担うことです。

ヨーロッパは（中略）アフリカからアメリカへ、アメリカからアジアへ、アジアか

らアフリカとアメリカへ、という具合に「管理」することで、なんとか赤字を埋め合わせていたのである。

当時のアジアにとっては、このような国際交易は「どうでもいい程度のもの」でした。一方で物流機能を担うことで赤字の埋め合わせをしていたヨーロッパは、アジアから展開される国際交易が成り立たなければ破たんしていたのです。その意味でアジアのおこぼれにあずかっていたという表現は言い過ぎではありません。

続いて、ヨーロッパが覇権を握るに至った2つ目のポイントは、〈アメリカ大陸で彼らが見つけた金山・銀山から、その貨幣を得た〉ことです。これにより西洋は、大量の富を保有し、アジアの市場にアクセスする力を持ったのです。

この段階になり、ヨーロッパはようやく物流で食いつないでいた状態から幾分自立できるようになりました。それに加えて、自国の製品をアメリカ、カリブ海地域、南米エリアなどに輸出したことも力をつける要因になったとフランクはいいます。

ただ、これでアジアを追い抜いたのかというと、そうではありません。このような金銀の大量採掘と製品の押し売りで莫大な利益を獲得しても、アジアを凌《しの》ぐことはできませんでした。それほど東洋との差は大きかったのです。

ヨーロッパ人は、アジア経済、実際には世界経済というカジノのテーブルでは、ちびちびと小銭を賭けるだけのマイナーなプレーヤーでしかなかった。

西洋が力をつけはじめてからも東洋とのこの力関係は3世紀ほど続きます。1800年頃になってようやく西洋が東洋から覇権を奪うことに成功します。

その理由は、最後のポイントに挙げた東洋の衰退です。より正確にいえば、国際競争において長らく劣位にあった西洋が、東洋の持つ強みを弱みに変えるパラダイムシフトを起こしたのです。これにより、東洋の強みをますます弱みにしていくことに成功し、結果的にいつの間にか西洋が勝ち残ったのです。

このメカニズムを人口学の観点からフランクは読み解いています。

アジアにおける、高い人口成長が、労働節約的・動力発生的な機械の供給に対する需要によって産み出される、ないしは、それに基礎を置く技術的前進を阻み、逆に、ヨーロッパにおける、より低い人口成長が、同じ技術的前進への誘因を――アジアとの競争において――生み出した、というものである。

これまでは、西洋と比較して低賃金の労働力を大量に抱えていた東洋は、労働集約的に物の生産に取り組んでいれば他国を寄せ付けませんでした。

しかし、西洋が生み出した機械という労働節約的な数々のイノベーションと競争するときに、この大量の労働人口は大きな障害となりました。安いがゆえに機械の利用という労働節約型のほうへと移行することができず、西洋の生産性にいつの間にか遅れをとることになったのです。

西洋に対する認知バイアスを外す

こうして、東洋の衰退により相対的に西洋は地位を高くし覇権を握ったというのがフランクの世界史観でした。ここまでいろいろと書きましたが、フランクが指摘した内容から、次のことに気づかせてくれます。

それは、本当の意味でのグローバルとは「多様性」のなかに宿っているということです。

西洋を中心に据えて歴史を見ていくことがいかに歴史を見誤らせるのかはいうまでもありません。そして、その認知バイアスに合わないものを一蹴するのはもってのほかです。

我々は今日でも、「西洋化」することを「グローバル化」だと認識しがちです。しかし、その認識では、今日東南アジアが急成長を遂げ、ヨーロッパ各国を追い抜こうとすることや、中国がアメリカを抜こうとしていることの説明がつきません。

西洋だけでなく、世界の多様な経済圏の集合が本当の意味で「グローバル・エコノミー」なのです。

仮に今、東洋が大きく台頭している流れの中にあるとするならば、それ以外のエコノミーで衰退の兆候が出ていると捉えることが、これからの世界を見通す上で非常に重要になるのではないでしょうか。

title: 27

いつの時代も格差は なぜ拡大するのか

I.ウォーラーステイン著、川北稔訳『**新版　史的システムとしての資本主義**』岩波書店、1997年

「格差」。これ自体を肯定するにせよ否定するにせよ、この言葉が現代社会の一面を描いていることに異論の余地はないでしょう。それほど、「格差」は今の社会を席巻している話題です。

アメリカや欧州各国では1970年代から、すでに「格差」は当然視されていました。そのため、目新しいものではないのかもしれません。しかし、日本で本格的に「格差」が認識されはじめたのは、ここ20～30年のことです。それ以前はまだ「一億総中流社会」という考え方が主流でしたが、現在は貯蓄ゼロ世帯の増加などを受けて、「格差」がかなり問題視されるようになってきています。

ある人は「格差」が生まれる原因を「個人の努力の差」と考えます。またある人は、全世界的に企業が労働者の賃金を抑制する流れに注目します。もちろんさまざまな原因があるのでしょう。

しかし、あえて1つに絞れということであれば、私はイマニュエル・ウォーラーステインが『史的システムとしての資本主義』で述べていることを挙げます。

「格差」がなぜ起きているのか、そして、「格差」はなぜ拡大し続けるのか。この素朴な疑問にウォーラーステインは極めて説得的な答えを与えてくれています。

資本主義の理論と実際

「格差」はどのようなメカニズムで生まれるのか。この話に入るには、彼の述べる資本主義が何なのかについて触れる必要があります。彼は〈資本主義とは、何よりもまず歴史的な社会システムである〉と定義しますが、この定義は我々に資本主義を抽象概念によって理解することを戒める意味合いで使われています。

では、ウォーラーステインは「実際のところ」の資本主義をどういうものと考えていたのでしょうか。

まず、資本を〈自己増殖を第一の目的ないし意図として使用される〉ものだとしました。彼がこの前提に立つ理由は、従来の経済モデルでは説明できないことが説明できるようになるからです。

一例として〈総生産コストを引き下げること〉は資本家にとって有利だという理論をあげましょう。

これは普遍的に妥当なように思われますが、実際の歴史ではそうではありません。実際、資本家の中には〈資本家階級全体のマージンを増やしても、そのなかの自己のシェアが減るくらいなら、全体のマージンは小さくなってもよいから、そのなかでの自分の取り分を拡大したい〉という考えを持つ人が現れたのです。

今でいえば某ネット流通大手のA社はこの典型でしょう。長らく利益率の確保よりも（時に赤字を出しても）自らの資本蓄積に再投資するプロセスを高速で繰り返しています。その結果、今や市場における独占的なプレーヤーとしての立ち位置を得ました。そのあと予想どおりといってはなんですが、多くのサービスで世界的に値上げを行なっています。

本題に戻ると、ここで押さえるべきことは1つです。

資本主義はその歴史過程を見ると、経済学の理論とは正反対の行動をとることで勝利を収める逆転現象がしばしば起きたということです。

つまり〈かれらは、自らの生産効率を引き上げる〉という選択肢だけを常に選択したわけではないのです。

「格差」の理解は徴税権にあり!

では、この史的システムとしての資本主義下で、資本家が勝利のために勤しんだことは何か。

それは「政治闘争」です。つまり、〈権力関係を自己の利益につながる方向に変えようとする行為〉を重視したのです。

その理由は〈経済過程にとって国家権力（中略）が決定的に重要な意味を持っていることは歴然としている〉ことをわかっていたからです。

このことは、たとえば「徴税権」という国家権力に注目するといいかもしれません。徴税権を見通すと「格差」の理解は進みます。「徴税権」（課税権）は〈他の集団を犠牲にして特定の集団による資本蓄積過程を援助する、もっとも直接的な手段であった〉のです。

確かに、租税を徴収する権利（徴税権）には、〈国家の再分配機能は、これまでのところは、平等化の可能性〉を実現する機能があったことは周知のとおりです。

しかし、その権力は悪用することで特定の人に富を偏在させることも簡単にできるのです。ウォーラーステインによれば、実際の歴史では、〈分配の格差を拡大するメカニズムとしてこそ、遥かに広汎に利用されてきた〉のです。

ウォーラーステインが述べていることを理解するための好例が日本です。つまり、今の日本では格差が、徴税権の行使により人為的につくり出されたのです。

日本の消費税率と法人税率の推移に注目して見てください。消費税と法人税の推移を見ると、ここ20～30年は国家が積極的に「格差」を拡大させる政策を実行してきたことがわかります。

ご存じのように今日に至るまで逆進性の高い消費税率が平成元年3月までの0%から2019年10月には10%に増えます。表向きは社会保障の拡充のためとされています。

しかしその一方で、あまりメディアで取り上げられませんでしたが、法人税率は平成元年の40%から23%程度にまで下げられているのです。仮に、消費税を徴収するのが公的扶助を拡充するためであるとしても、他方で大幅な減税をしているのでは辻褄《つじつま》が合いません。

この不条理を理解する上で重要なのが、国家権力がどのように使用されているのかをゼロベースで考えることです。先に触れたように、国家権力が国民の良いように使われている根拠なき性善説が日本では根強くあります。

しかし、法人税と消費税の非対称な動きを見れば、ここ20～30年労働者よりもごく少数のキャピタルゲインを得られる人々を優遇する方向で国家権力が行使されていたことは明白です。

個々人の努力だけであらゆる問題を片付ける人たち

最近、日本では極めて個人主義的な考え方が蔓延するようになりました。たとえば、給与が上がらないという問題には、「その人の実力がないからだ」と述べたり、「株式投資をすればいい」と述べたりするような風潮のことです。

これは一見問題に対する答えのように見えますが、実は他者に対して無関心かつ無責任な態度の表れです。

なぜこの話をしているかといえば、「金持ちに有利になるようにルールが変えられていく社会で、個人に『がんばれ』とはっぱをかけるだけではどうにもならない」という話が、ウォーラーステインの徴税権の話と深く結びついているからです。

一例として、消費税増税と法人税減税の話をしましたが、今の日本は「庶民から金を巻き上げて、お金がたくさんある人にやさしい社会にしよう」という思想の下で、国家権力が行使されているのです。だから日本の格差は拡大しつづけているのです。

このような庶民に不利なルールができている社会で、「個人」のみに着目し、あらゆる事象を説明してしまうことは根本的に無責任かつ無関心の表れであります。

まず重要なのは、現状は社会が多くの庶民のために運営されているのではなく、ごく少数の人に有利なように働いていることに気づくことです。

そのためには、社会現象に関心を持ち、社会の仕組みがどういう「思想」で動いているのかを知ることが重要です。特に、徴税権のような国家権力の動向こそが、格差問題理解の鍵となるはずです。

第5章
稼ぐ力も生産性もなかったら…

＊仕事について

title: 28 イノベーションとは何か？

小池和男『**なぜ日本企業は強みを捨てるのか**』日本経済新聞出版社、2015年

21世紀に入って、日本の「ビジネスエリート」と呼ばれる人たちがよく「イノベーション」という言葉を口にします。

●日本企業には人材の流動性が少ないからイノベーションが足りない。
●シリコンバレーのようにイノベーションを起こせるベンチャー企業をつくれ。
●日本の電機産業はイノベーションのジレンマにより衰退を余儀なくされたのだ。

このような「ビジネスエリート」の発言を真に受けて、「イノベーションが必要だ」と叫び、

これまでやってきたことをかなぐり捨てようとする上司があなたの職場にもいるかもしれません。しかし、そういった軽薄なイノベーション論に加担することを戒める書籍があります。

法政大学の名誉教授であり、労働者の観点から行う経済分析に定評のある小池和男の『なぜ日本企業は強みを捨てるのか』を参照し、「イノベーション」とは何かを考えてみましょう。小池は同書の中で、「イノベーション」に対する一般的な誤解を指摘しつつ、実は日本という国がそれを引き起こす上で不利などころかむしろ好条件な国であることを述べています。

ただし、同書は単なる逆張り本や日本ヨイショ本とは異なります。末尾にかけて、そういった強みを自ら進んで放棄し、軽薄なイノベーション論に加担する今日の日本という国を批判的に描くのです。

彼の主張の核心部分はシンプルです。「イノベーション」を現実において起こすのは「一回の偉大なプレゼンテーション」ではなく、多くの労働者の地道な努力の積み上げげであるというものです。この彼の地に足の着いた議論は、我々の日々の仕事の取り組みを考える上でも非常に有益といえるものです。

「イノベーション」という言葉への誤解

「20世紀のイノベーション」として何を思い浮かべますか。自動車でしょうか。パソコンでしょうか。では、「21世紀のイノベーション」として何を思い浮かべますか。iPhoneでしょうか。自動運転車でしょうか。いろいろ浮かぶことでしょう。

しかし、多くの人が「イノベーション」を誤解しています。まず、イノベーションは「革新的な製品の開発」という狭い視野で理解するものではありません。そして、イノベーションはある日突然誰かのインスピレーションで生まれる「短期的時間軸」で捉えられるものでもありません。

もし、このように誤って「イノベーション」を定義すると、たとえば、自動車を最初に特許申請したダイムラーではなく、フォードのほうが自動車の生みの親であるようにいわれることに説明がつきません。スマートフォンもiPhoneがはじめてのものではありません。

もちろん、ソニーのウォークマンなどのように最初に革新的な物を生み出し、人気を博した製品もあります。しかし、フォードやアップルのように、イノベーションを起こした企業は「最初にその製品を世に送り出した」企業ではないということが、ここで押さえていただきたいことなのです。

「イノベーション」とは何か

では、小池はイノベーションをどういうものだと認識していたのでしょうか。

小池は、イノベーションの本質を「生産性の向上」と定義しました。言い換えれば、より早く、より安く、より良いものを消費者に提供するために継続して行われる業務プロセスの改良にこそ本質があるというわけです。

もちろん、瞬間的に生み出されるイノベーションが存在することを否定しません。しかし、小池は〈圧倒的に改良型の影響〉のほうが、〈一国経済への影響が大きい〉と考えています。さらにいえば、突如現れたかのように見えるイノベーションでも、〈実際に製品となるのははるか後代、というのがむしろ大多数〉だというのです。

> そうじて競争を左右するのは生産性の向上であり、したがってそれを大きく高める改良型技術革新に注目せざるをえない。

小池のイノベーションを理解するために、具体例をご紹介します。

小池は日本のイノベーション企業としてセブンイレブンを挙げます。セブンイレブンは製造業ではありませんが、「生産性の向上」という点で、セブンイレブンはイノベーション企業に該当するのです。

今でこそ誰もが利用するコンビニエンスストアですが、「コンビニ」は誕生時初期から素晴らしかったわけではありません。今の20代以上の方々だと思い出せるかと思いますが、コンビニは、一昔前までは24時間開いていることだけが取り柄でした。値段は高く、行けば欲しいものが手に入るというには程遠いものでした。このようなイメージを同社はイノベーションにより払拭することに成功したのです。

セブンイレブンがしたことというのは、一言でいえば、より安く、より早く、より良い製品をあの限られたスペースに置く流通方式の構築です。いわゆる「共同配送方式」といわれるものですが、具体的には、1台のトラックにさまざまなメーカーや問屋の商品を入れて高頻度で配送する方式です。これにより、極限までコストを下げながら消費者が求める商品を少ないスペースに置くことに成功したのです。

一見、単純なように見えますが、〈従来の問屋ルートでは他社商品を混載することは考えられなかった〉のです。これを各メーカーや問屋と粘り強く交渉し、〈小口、多頻度の配送を確保した〉のです。また、この配送で採算をとるために行ったのが、有名なドミナント方式といわれる特定地域への大量出店だといわれています。他にも、今のセブンイレブンが出来上がるまでの過程が多数紹介されていますが、すべてをここでは紹介できないため詳細については同書を手に取っていただければと思います。

いずれにしても、重要なのは、イノベーションが「ある天才のインスピレーションで突如現れ、新製品がバカ売れする」というものではないということです。

セブンイレブンの例が示すように、長期的な戦略を採用し、絶え間ない生産性向上への努力こそが本質なのです。

「イノベーション」のために本当に必要なもの

ちなみに、小池がセブンイレブンに続いて挙げている代表的なイノベーション企業がトヨタ自動車です。もちろん、トヨタのイノベーションが完成品にあったと述べてはいません。有名な「トヨタ生産方式」の構築がイノベーションだといったのです。

より早く、より手頃に、高品質な自動車を提供する業務プロセスの構築がトヨタの凄みだということですね。ここに至るについては社内や社外において長期間にわたる努力がありました。

これらの例を通してイノベーションを捉えなおすと、それを生み出す原理が何かがクリアになってくるはずです。それは、〈長期の競争を重視し、それをいかに確保するか〉にあります。

その理由はすでに記載のとおり、イノベーションが長年の蓄積であることがほとんどだからです。では、何によってイノベーションが実現されるか。それは、〈いうまでもなく長期勤続者〉が必要であり、〈また組織の重要メンバーは長期の雇用を重視する人たち〉が集まっていることが求められます。それに加えて、長期にわたる取引先なども必要でしょう。

端的にいえば、長期的な競争には長期的な戦略が必要であり、それには長期的に生産プロセスにコミットできる人が必要なのです。

しかし、このような小池の考えは、昨今の「雇用流動性を高めろ」「株主を重視しろ」という風潮の中では受け入れられないかもしれません。ですが、目先の競争に囚われては、大きなイノベーションを生み出せるはずはないというのが彼の一貫した考えです。

多くの「ビジネスエリート」は、長期的な競争を重視する風土は日本に特有なものだと考えます。

しかし、実は海外の企業でも長期的な競争を意識している企業があります。それがゴールドマン・サックスです。同社は、人材育成に優れていて、新卒からの幹部登用を重視していたことを小池は指摘します。

ゴールドマン・サックスの長期重視の極めつきは、上級幹部は社内の生え抜きから、という長い慣行であった。あたらしい分野にのりだすばあいなどに他社経験者をも選ぶのは別として、おもに社内の生え抜きを登用してきた。（中略）こうした点はまるでかつての良質な日本企業の人材形成を描いているようではないか。

「イノベーション」は社会に起きるサプライズであるのは間違いありません。しかし、それには長期間の積み重ねが必要です。「あ！　今イノベーションが起きた」というようなイノベーションはほとんどありません。地道な積み重ねを重視せず、「短期的な結果」にのみ注目することは人も組織もダメにしてしまうのです。

title: 29

なぜ仕事はつらいのか？

シモーヌ・ヴェイユ著、冨原眞弓訳『**自由と社会的抑圧**』岩波文庫、2005年

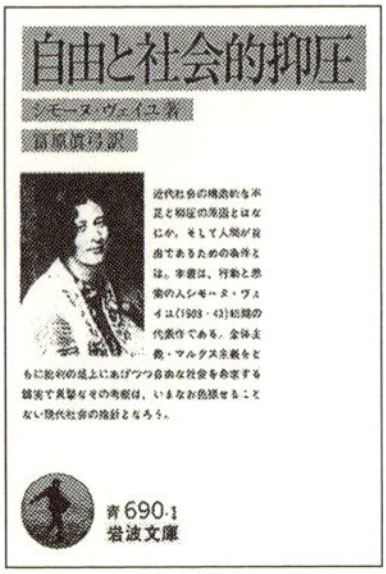

我々の人生で最も多くの時間を費やす活動の1つだといわれている「仕事」。「超」がつくホワイト企業でも8時間×週5日間×40年も費やしますから、これに匹敵する活動といえば睡眠くらいでしょう。

しかし、それほど時間を費やすにもかかわらず、仕事に対して積極的な意義を見いだせない人がたくさんいます。ワーカホリックには理解し難いかもしれませんが、出社した瞬間に「帰りてえ」と思う人、入社式の直後に「定年退職したい」と考える人、「生活のためにやむなく」と考える人は本当に多くいます。

一般的にこのような「仕事がつらい」と感じる人が相談に来た場合には、処方箋として

大きく2つの解決策が提示されます。

それは「転職」と「独立」です。ですがここで考えたいのは、このように解決策をすぐ提示することが正解なのか、ということです。ジョブホッパーといわれる人がいるように、世の中には何度転職をしても仕事に面白みを感じない人がいますし、辞表を叩きつけて会社を辞めたはいいがで困る人もあとを絶ちません。

右記を踏まえると、解決策を出す前に「なぜ仕事がつらいのか？」を一度掘り下げてみる必要性があります。

そのためには、仕事一般について考察することが大切です。その思索を助けてくれるのがシモーヌ・ヴェイユの『自由と社会的抑圧』です。

この本は社会に抑圧された人間を描いた作品で、その1つに人間を抑圧するものとしての「仕事」について興味深い指摘をしています。

ある仕事をつらいと考える最大の要因

我々がある仕事をつらいと感じる理由は何でしょうか。

ヴェイユは、仕事をつらいと感じるかどうかの分岐点を個人の精神に求めませんでした。

むしろ、個人を取り巻く社会の抑圧がどの程度かによって仕事のつらさが決まると考えたのです。多くの人が大事だと考えている賃金、休日、福利厚生がつらさを決める決定的なものではないのです（もちろんこれらも大事ですが）。

では、ヴェイユの述べる社会の抑圧とは具体的には何を指すのでしょうか。これは個人の「思考」を妨害するものを指すと考えられます。

それを裏付けるものとして、著書の中で彼女は「思考」の存在を非常に重視していたことが随所に見られます。たとえば、次の箇所から読み取れます。

もっとも弊害の少ない社会とは、一般の人々が行動する際にあたってもっとも頻繁に思考する義務を負い、集団的生の総体に対して最大限の制御の可能性を有し、最大限の独立を保持するような社会である。

彼女の指摘で重要なのは、個々人が行動するにあたり〈頻繁に思考する義務を負う社会が理想的な社会〉だという点です。彼女がここで述べる「行動」にはもちろん仕事も含まれます。

つまり、「仕事」自体は善でも悪でもないのであって、思考が許される社会的状況が仕事を人間にとって素晴らしいものにするか否かを決めているというのです。このことは、仮に同じものをつくる場合でも、製作過程にどのようにかかわるかで労働者の満足度が大きく変わることを意味します。

集団行動でもこれに類する差異が認められる。職工長の監視下で流れ作業に携わる労働者の一団は、哀れを誘う光景である。一方、一握りの熟練労働者がなんらかの困難に足止めをくらい、めいめいが熟慮し、さまざまな行動の有り様を呈示し、他の仲間に対する公的な権威の有無にかかわらず、誰かが好走した方法を一致団結して適用するさまは、みていても美しい。

彼女は、各々が思考しながら仕事をする熟練労働者の行動は「美しい」とする一方で、職工長の監視の下、思考を損なう形で流れ作業に従事させられている労働者の姿は哀れだとしています。

同じ仕事をしていても、「思考」の有無は、見る人の感じ方が変わるほど、重要なファクターだと彼女はいうのです。

私自身これに共感しうる経験があります。パン屋で製造のバイトをしていたことがあるのですが、いろいろなパンのつくり方を覚えていく最初の半年くらいは楽しかったのですが、徐々に思考せずにただただ手を動かすようになった途端「苦痛」に感じるようになりました。

「考えなくなったお前が悪い」といわれればそれまでですが、仕事が自分にとって「簡単」で「単純」と感じるようになるにつれて思考を使わなくなり、つらいものと感じるというのは共感できるのではないでしょうか。

仕事をつらいものにした根源

では、労働者から思考を剥奪《はくだつ》し、仕事をつらいものとさせるのは何でしょうか。

大局的には既出の「社会的抑圧」と呼んでいたものです。それは具体的に何を指すのかというと、「生産性」を至上価値として社会が動いている状態ではないかと彼女は指摘します。

要するに、とにかく早く大量に生産しようという思想のせいで、我々の思考が抑圧される状況ができたということです。

> 現在にいたるまで、技術者が製造上の要請以外の何かを考慮したことは一度もなかった。もし技術者が製造に携わる労働者の要請をたえず念頭に置くようになれば、生産技術全体が徐々に変容していくに違いない。

何を優先するかでさまざまな検討項目があるにせよ、労働者の境遇が考慮されることはなかったと彼女は指摘します。

なぜなら、資本家にとっては、労働者への配慮は、より速くより多くつくるという価値観を上回る「合理的な」理由とする道筋がなかったからです。

人々が仕事をつらいと感じないために

私がヴェイユの思想に好意的な理由があります。

それは、彼女が古代ギリシアの哲学から見られる「労働は奴隷にやらせるものだ」という考え方を含まないからです。ここは他の思想家には見られない独特の立ち位置で、あくまで仕事自体が悪なのではなく、良いものもあると考えていたのです。

ここでいう「良いもの」とは繰り返しになりますが、思考が随所に存在するかどうかで決まります。

では、そのような状況はどのようにすればつくり出せるのでしょうか。


唯一の救いの可能性は、社会的生の漸次的な脱集中化をめざして、強きも弱きも力を合わせて方法的に協働することだが、それがいかに不条理な考えであるかは一目瞭然である。個人間の競争と階級間の闘争と国家間の戦争に基盤をおく文明にあって、かかる協働は夢にも考えられない。


彼女が結論として述べるのは〈社会的生の脱集中化〉です。

これは、人々がその状況に「抑圧」を感じない社会設計（職場および組織の設計）をせよということです。これが、抑圧状態にある人々が救われる唯一の道だと述べたのです。

しかし、これが成り立つには強者に高い倫理観を求めることになります。なぜなら、労働者一人ひとりに思考が存在するような配慮が必要なためです。それゆえに、彼女自身も非現実的だと自認していました。

ただ、ヴェイユのこの絶望を良い意味で裏切る社会が少しずつ誕生していると私は考えています。端的にいえば、個々人を抑圧することなく、運営される会社組織が世の中に現れてきたのです。まだ少数かもしれませんが、業態に関係なく、労働者の「思考」を最大限発揮させることに配慮する組織がいくつも誕生しています。

たとえば、アメーバ経営を採用する企業はその1つだと私は考えています。いわゆる事業部ごとに売上げとコストの管理をすべて任せ、それを給与に反映させるようなものをここでは意図していますが、そういう組織では多くの人が歯車としてではなく、より高い頻度で思考をして働くようになっています。

「労働者を抑圧する環境をつくることが資本家にとって利益になる」という古典的パラダイムを崩すことで逆に生産性を上げられるのは、おそらくヴェイユの予想しなかった世界かもしれません。

彼女の絶望を裏切る例が現れてきているのですから、我々も絶望していてはいけません。

まずは今の仕事で自分を抑圧するものが何かを考えてみてはいかがでしょうか。

一番してはいけないのは自己欺瞞です。彼女にいわせれば、それは救われる方向とは正反対の方向に自分自身を誘導することになりますから。

食べるために働き、働くために食べ(中略)この二つのうちの一つを目的と見なしたり、あるいは、二つともを別々に切り離して目的としたりするならば、途方にくれるほかはない。サイクルにこそ、真実が含まれている。(中略)人間が円形のかごのなかでくるくる回るりすの姿をわが身と見るときこそ、自分を偽りさえしなければ、救いに近づいているのだ。

——シモーヌ・ヴェイユ著、田辺保訳『重力と恩寵』ちくま学芸文庫

title: 30

人材の流動性を上げれば世の中は良くなるのか？

『不安な経済／漂流する個人：新しい資本主義の労働・消費文化』

リチャード・セネット著、森田典正訳
大月書店、2008年

「日本社会は人材の流動性がなさすぎる」

「組織に甘んずるのではなく、個々人はもっとリスクをとらないといけない」

「アメリカや欧米のように流動性を上げないから日本は1人当たりの生産性が低い」

最近このような言葉をよく聞くようになりました。おそらく「終身雇用で組織にしがみつく日本人」を想定し、それを批判する考えからきているのでしょう。

ある人は「正社員は既得権益」という発言をして世間の注目を集めましたが、この方も日本の停滞を突破するには、とにかく人材の流動性を高めるように主張していました。

おそらく、そうした考えを持つ人の理想とは、万人がフリーランスか起業家になる世の中なのでしょう。

このように、「人材の流動性を高めれば社会が活性化する」と考える方に、ぜひ読んでいただきたいのが、リチャード・セネットの『不安な経済／漂流する個人』です。

セネットの考えはまったく正反対です。つまり、現状の停滞や社会不安が人材の流動性不足によって起きるのではなく、流動性を上げた結果として社会が不安定で停滞したものになっていると考えるのです。

セネットは流動性を高める風潮が世の中にもたらす深刻な事態を指摘しています。

人材の流動化が叫ばれる背景

人材の流動性が主張される背景は何でしょうか。1つは、組織が個人を縛り自由を抑圧するものだという考え方が挙げられます。

〈ひとつの組織の中だけで経歴を終えた人間は、生涯を「鉄の檻」で過ごしたことになる〉という考えや〈職務が定められた機関で勤め上げた人間は、自分が設計したわけでもない家の中で、階段をゆっくり昇り降りしながら一生を過ごしたことになる〉という考えは、今の時代にしばしば散見されるのではないでしょうか。

では、このように「組織」が個人を抑圧する媒体として認識された由来は何でしょうか。セネットは、20世紀以降に導入された「官僚制」を挙げます。「組織＝官僚制」と見なしているということです。

たとえば、セネットは〈官僚的制度は満足の遅延に慣れさす教育を人々にほどこす〉特徴があるといいます。この飼い慣らし状態が成功する理由は〈行動の今この時点での意味でなく、命令への服従によって将来もたらされるだろう報いについて考えることを学ばせる〉からだと指摘します。

官僚制によって命令に従順な人間をつくり、将来的な報酬を得られるよう画策しているのです。

こうして最終的に、官僚制という仕組みにより〈遅延の原則を習得した人間は、満足の到着自体を拒絶するようになる〉のです。

これは一言でいえば、「官僚制」という近代組織体系に見られる組織構造が「統治しやすい人」（馬車馬）をつくり上げるのに非常に理にかなっていたことを述べたものだといっていいでしょう。

確かにこのような「官僚制」批判は的を射ています。個々人を抑圧し、時に苦しめたものであることは間違いないでしょう。

しかし、20世紀に主流であった「官僚制」を目の敵にして出来上がる「流動性の高い」組織もまた、危険だというのがセネットの主張です。

具体的にセネットが指摘するのは、「流動性の高い」組織は多くの人を精神的にも経済的にも多方面から「不安」に陥れる点を挙げています。

個人の自由を追い求めた結果できた組織の正体

ここまでをまとめると「官僚制」のように組織が個人を完全に掌握《しょうあく》するのも問題ですが、個々人をバラバラの人の集まりにしようとする社会や組織にも問題があるということでした。

続いては、この新型組織がどういう問題を引き起こすのかということを見ていきます。

セネットが「先端組織」と呼ぶ新型の組織にはある特徴があります。それは〈中心が組織の周辺的権力を支配するという権力の新たな構図〉をつくり出すことです。イメージとしては、なるべく多くの業務をアウトソーシングする組織などが当てはまるかもしれません。

この先端組織には主に3つの特徴があります。

まず、1つ目は「帰属心」を著しく欠いているという点です。「帰属心」はあまり意識化されないものですが、セネットによれば仕事の場では〈帰属心がなければ労働者は日々の長時間にわたる激務に意義をみつけることができない〉といいます。要するに、「帰属心」がない個人の集まりでできた組織は同じ時間、同じ業務をするにしても負担をより多く感じるということです。これはなんとなく理解できる人は多いでしょう。

続いて2つ目ですが、労働者間のインフォーマルな相互信頼を醸成できないという特徴があります。ここでいう〈インフォーマルな信頼とは、とりわけある集団にプレッシャーがかかった場合に、頼れる人物が誰か了解ができているという類のことを意味〉します。それゆえに、平時にはこれは把握しにくいものです。

それを理解するためにこのことに関する例を挙げると、ある営業マンが急遽病気で1週間休日を取ることになったと想像してください。この場合に対応の差が出ます。まず、インフォーマルな信頼の高い組織では、メンバーがいわれなくても積極的に分担してカバーしようとします。そのレベル感は直接的にお願いをして了解を得るというパターンもありますが、より信頼度の高い組織では、頼まなくても勝手に組織内で協力して対処してしまいます。

一方で、インフォーマルな信頼が欠如している組織の場合は、なるべく個々人はそれによって生じる業務プレッシャーから逃れようとします。上司に無理やり指令を出されたり、ニンジンがぶら下げられでもしなければなかなか対応できません。

最後の3つ目ですが、組織についての蓄積された知識の欠如が常態化するという特徴があります。

この意味は旧来型の「官僚制」組織と比較することで見えてきます。


ピラミッドの長所は組織を機能させる知識の膨大な蓄積にあって、規則の例外はいつ認められるべきか、また、裏ルートによる調整はどの時点で行われるべきかなどが、自明になっている。


良い組織は過去に失敗した例からその当人がいなくなっても同じ失敗をしないようなノウハウを確立できます。

しかし、ほぼすべての人が自分のことだけを考える組織やアウトソーシングが進んだ組織では、組織に経験が蓄積されなくなっていきます。

今、本当に必要な組織の条件

ここ十数年、「組織」という言葉は「しがらみが多い」「スピード感がない」「新しいことにチャレンジできない」といったネガティブな文脈で描写されることが多くなりました。それと引き換えに台頭してきたのが「個人」というポジティブワードです。

しかし、旧来型組織を批判する過程で誕生した、この「個人」を解放する新型の組織は、必ずしも居心地のいいものではありませんでした。少なくない人がその漂流状態に耐えられず、安定的な漂流先を求めているのです。そういう意味では、今、我々がすべきことは「人材の流動性をどう高めるか」ではなく、すでにそれによって出ている弊害、問題点について考えることなのです。

最後にセネットが述べる、再評価すべき3つの価値をご紹介します。

まず1つ目の価値は物語性です。物語性とは〈出来事を時間のなかで結びつけること、経験を積み上げていくこと〉を指します。これを高い価値として評価すべきだというのです。

物語を自分の中で組み立てるには何が必要でしょうか。それをつくるに足るだけの安定した地盤です。何によって保証するかは各国いろいろな議論がなされています。

続いては有用性です。この「有用性」という言葉は功利主義を意味しません。むしろ功利主義が前提とする〈能力主義崇拝〉が強い組織ではセネットのいうところの「有用性」の価値は不足します。

ここでいう「有用性」の主語は「自己」です。つまり、自己が有用性を感じ、〈自分だけでなく他者にとっても重要な何がしかに貢献している〉という実感を得られるようにならなくてはならないのです。

最後の3つ目は職人技です。この価値は反時代的なものに思われるかもしれませんが、今風にいえば〈何事かをうまくなしとげた満足感〉に価値を置くことを意味するのです。それを社会として満たせるよう設計するべきではないかというわけですね。

セネットが「職人」という言葉を使うのは職人が〈何も手に入らずとも、何ごとかを正しくおこなうこと〉に価値を見いだすからです。この功利主義の観点からは「不合理」なものも、自己の幸福感という観点では「合理的」なものなのです。

今は「資本の論理」が個々人のあり方を決めてしまう潮流が以前にも増して強まっています。そういう中では、読む人が読めばここに挙げたような「価値」は「古臭い」と一《いっ》蹴《しゅう》される可能性もあるでしょう。

しかし、このまま「流動化」が進めば不安と技能不足が堅調になる世の中になります。そして、一度社会から漂流すれば、二度と安定した職に就けないという悲惨な状況が待ち構えています。

昨今は、「積極的にリスクをとれ」「これからは個人で生きていく時代だ」とお祭り騒ぎをしていますが、その姿が共産主義に希望を抱き、現実で悲惨な目にあったマルクス主義者と同じように見えるのは偶然でしょうか。

安定した基盤を用意してこそ、新しい「リスク」をとってみようと考えたり、失敗を前向きに捉えることができるのです。

title: 31 どうしたら「稼ぐ力」を身につけられるのか？

ロバート・B・ライシュ著、雨宮寛、今井章子訳『**最後の資本主義**』東洋経済新報社、2016年

「稼ぐ力を身につけなければグローバルな時代では生き残れない」
「稼ぐ力を身につけられる会社はどこでしょうか？」

多くの人が仕事を通して、そしてプライベートの時間さえも差し出して、「稼ぐ力」とやらを身につけようとしています。

この言葉が流行する背景には、おそらく多くの人の意識の中で「稼ぐ力」が不足していると感じることがあるからなのでしょう。

これからは会社に依存できないのだから、自分で生きていけるようにならなければいけないのだというおきまりのフレーズが随分と長らく叫ばれていますから、我々が「稼ぐ力」

なるものを意識するのは当然の流れともいえます。

そんな「稼ぐ力」を身につけたい方に手に取っていただきたい本があります。それは、ロバート・ライシュの『最後の資本主義』です。資本主義のなれの果てを描いたこの本は、「稼ぐ力」のある人がどういう人かについて、一般的な社会通念とは異なる視点を与えてくれます。そして、我々のような庶民がどうすれば「稼ぐ力」を身につけられるのかについても言及しています。

もしかすると、ここに描かれている「大金を稼ぎ出す方法」に我々は絶望すら感じるかもしれません。なぜなら、今の「稼ぐ力」のある人の中には、猛勉強してテストでいい点をとるという正攻法を放棄している人がかなりの割合でいるからです。それらの人が何をしているかといえば、事前にテストの回答を入手したり採点者を札束で買収したりということをしているのです。

「稼ぐ力」への誤解が生まれる背景

一般的に「稼ぐ力」がある人とはどのような人でしょうか。英語がたくさん話せる人でしょうか。ＭＢＡを持っている人でしょうか。有名外資系企業で働く人でしょうか。いろいろ思いつくでしょう。

ただ、多くの人はこういわれると納得するのではないでしょうか。「お金をたくさん得ている人には稼ぐ力がある」と。実際、この考えは昨今流行する「能力主義的」な価値理念を土台とする現代において主流です。

たとえば、「月給30万円の収入を得ている人」がいたとして、この人が30万円を稼げている理由をどのようにして説明するでしょうか。努力したとか、副業で稼いだとか、会社と交渉したとか、いろいろ理由があるにしても、一言でまとめれば「30万円稼ぐ力があるから」という理由になるのではないかと思います。

じつは、これはまさに「能力主義的」な価値理念に支配された考え方です。しかし、ライシュはこの考えは現実に照らせばありえないものとして批判するのです。

では、このような論理がなぜ多くの人を支配しているのでしょうか。それは、この論理によって不利益を被っている人すら受け入れていることを挙げなくてはいけません。事実、〈仕事に対してわずかな賃金しか支払われない人は、その金額以上の「価値」がない〉と考えています。不利益を被っている人さえ支持してくれるというのは、この論理によって恩恵を受けている人にとってうれしい限りでしょう。

「稼ぐ力」のある人がしていること

では、「稼ぐ力」のある人が実際に何をしているのかという話に移りましょう。もちろん、真っ当な努力をしてその対価として報酬を得ている方がいることを否定するつもりはありません。

しかし、桁違いの報酬を得ている中の少なくない人が〈社会のルール自体を自分達にとって有利になるように働きかけるか、社会のルールの穴をつくことで巨額の報酬を得ている〉とライシュはいうわけです。『最後の資本主義』ではこのことを豊富な例を通して教えてくれます。その中から3つ紹介します。

まず1つ目は、自社株買いにより巨額の利益を得ることです。

ライシュの調査では、複数の巨大企業で経営陣が自社株買いで一時期に株が上がるタイミングを見計らって、自分が保有する株式を短期売買して巨額の利益を得ていたと指摘しています。自社株買いをする場合、その行動自体に公表義務はありますが、いつそれを行うかを公表する義務はありません。このルールは、すべての投資家がいつ自社株買いするかわかっていたら相場が混乱するため、その抑止力として存在します。

しかしこの規則下では、個人として自社株を持ち、会社として自社株買いの決定に携わる人間には苦労せずに大金を稼げます。

2つ目の例は公金の横流しです。

某外資系保険会社のCEOの事例を挙げましょう。この企業は金融危機のときに、株が半値近くに落ち込み事実上の倒産状態にありましたが、その状態から数千億ドルの公金を受けて救済されたのです。しかし、会社がこのような状態にありながら、CEOが会社を辞めるときには数千万ドルの解雇手当を受けとりました。「稼ぐ力」がまったくない破産会社で、トップは多額の退職金を手に入れたのです。

最後はプロダクトホッピングです。

このケースではある製薬会社の例を挙げます。ある医薬品が特許切れを起こしそうになっていたのですが、当該企業は単に錠剤をカプセルにしただけで、ジェネリック版の登場を阻止しました。これは〈消費者や健康保険に大きな負担を負わせ続ける〉ものとなる一方で、その製薬会社は多額の利益をその後も継続的に得ることができました。

これらの他にも、政治家に働きかけ自社に都合のいいように法規制の緩和を行うレントシーキング活動などもライシュは挙げました。

まとめると、これら多数の例からライシュがいおうとしているのは、大金を稼ぐ企業や大金を稼ぐ人が必ずしも「大金を稼ぐに値する」とはいえないということです。

庶民に「稼ぐ力」がない理由

我々のような庶民に「稼ぐ力」がない理由を考えてみましょう。一般的なビジネス書では「稼ぐ力」がない人を次のように分析します。

●君の給料が上がらないのは君にそれだけの価値しかないからだよ。
●グローバル化や技術革新によって給与が伸びにくくなっているんだ。
●稼ぎが少ないのはあなたがバカだからだ。

しかし、〈根本的な問題は、平均的な労働者の労働市場における「価値」が昔ほどでなくなった〉ということではないのです。右記のような考え方は労働者の「稼ぐ力」がどのようにして培われてきたかという歴史を無視しています。

ライシュも指摘していることですが、労働者の「稼ぐ力」は歴史上の大きな流れとしては労働組合という労働者間の「連帯」を通して成し遂げられてきました。これはコモンズをはじめとする制度経済学という領域でしばしば指摘されていることですが、経済を「個人」というスコープでばかり捉えると大きな流れを見誤る、というのがここのポイントです。家族、株式会社、そしてここで話題にしている労働組合など、現実の市場における経済活動の多くを見れば、この話を理解いただけるでしょう。そのほとんどが経済学の教科書のように「個人」単体で何かをすることは多くなく、「集団行動」で行われています。

改めて本題に戻ると、ライシュがこの著書で一貫して述べているのは、現在の労働者の「稼ぐ力」が落ちているのは、労働組合の弱体化が最大の要因だということなのです。

実際、アメリカでは1970年代頃から新自由主義的な政策が一般的になり、組合員数はこの頃から減少し続けました。結果、それに連動して総所得に占める中間層の割合は減少したのです。

労働組合と報酬の関係性について参考までに日本のケースを見てみましょう。

経年で見た場合に徐々に労働組合の組織率は下がっているものの、従業員規模1000名以上の企業ではいまだに44・3％はあります。これは100～999人の規模帯では11・8％、100人以下では0・9％となり、比較すると大きな差です。大企業には資本が多く、待遇がいいという見方が根強いですが、その待遇の良さは資本の大きさだけでは説明がつきません。

毎年テレビでも話題になる春闘の結果を見てください。大企業の労働組合は人数が桁違いです。そして、その人数を背景に毎年のようにベースアップを成功させています。

この例からもいえることですが、「稼ぐ力」の正体とは労働組合の地道な交渉の結果だということです。地道な努力があってこそ労働分配率は高まるのです。プロ野球選手のような個人事業主に近い方は全労働人口において極めて少数です。

私も含めてですが、今の若い人というのは「労働組合」と聞いてあまりポジティブなイメージを持っていません。しかし、これまでの歴史を振り返れば、労働者が1人で経営者層に立ち向かって勝利したケースは例外中の例外です。もし労働者でありながら、「俺が稼ぐ力をつければいいんだ」と考えているならば、それは経営者がつくり出そうとする偏見に与《くみ》しているだけなのです。

title: 32

成功者になる条件とは何か？

『プロテスタンティズムの倫理と資本主義の精神』岩波文庫、1989年
マックス・ヴェーバー著、大塚久雄訳

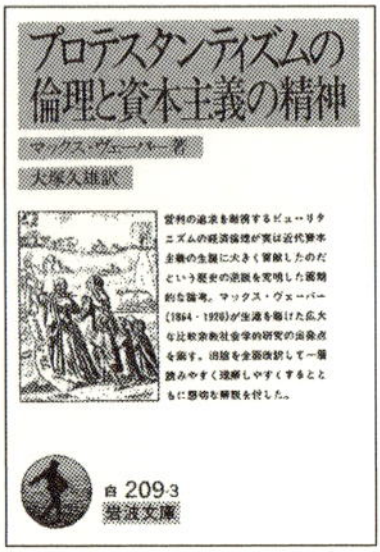

「成功者になりたいんです！　その方法を教えてください」

昨今、この願いを持つ方が増えているようです。実際、ウェブの記事や本のタイトルに「成功者がしている○○なこと」「一流の人間は○○をしない」という言葉をしばしば目にします。このようなタイトルにすることで閲覧数が上がるということを制作側もわかっているのでしょう。

では、そのような記事や本には何が書かれているのでしょうか。それは、成功者が実践している「朝早く起きる」「二次会に行かない」「友達をつくらない」などのテクニックが羅列されたようなものが典型的です。だから、そういったものに目を通した成功したい人

は「ふむふむ。僕も成功するには朝早く起きればいいんだな」「ふむふむ。私も成功するには二次会に行かなければいいんだね」と成功者の真似をしようとするのです。

朝早く起きれば本当に成功するのでしょうか？　実は当の私が真似をしたことがあります。ですが、結果としては午前3時に起きても成功しませんでした。それどころか人生失敗ばかりです。また、二次会に行かなくても、友達がいなくてもまったく成功する気配はありません。

同じような思いに駆られた方は私だけではないでしょう。そういう「成功者の条件」が知りたい人や、「成功者の条件」を真似て裏切られた人に非常におすすめの本があります。マックス・ヴェーバーの『プロテスタンティズムの倫理と資本主義の精神』です。

ヴェーバーが資本主義世界で成功する条件について書いた本です。この本で書かれた成功の条件を読むことで考えを深めるきっかけとなることでしょう。

ヴェーバーが示した資本主義での成功の条件

まずは、ヴェーバーが述べた資本主義で成功する条件を見ていきましょう。

近代的企業における資本所有や企業家についてみても、あるいはまた上層の熟練労働者層、とくに技術的あるいは商人的訓練のもとに教育された従業者たちについてみても、彼らがいちじるしくプロテスタント的色彩を帯びているという現象だ。

ここで述べられているのは、プロテスタント的色彩を帯びている人間がどうも資本主義の社会で階級の上層にたくさんいるようだというのです。

ではプロテスタントとはどういう宗教なのでしょうか。ヴェーバーによればキリスト教の一派の中でも、〈およそ考えうる限り家庭生活と公的生活の全体にわたっておそろしくきびしく、また厄介な規律を要求するもの〉に分類されるといいます。ただし、これだと漠然としていると感じるかもしれません。

そこで、プロテスタントを理解する上では、何がこのような厳格な人格を生み出す後押しとなっているか考えなければなりません。

この厳格な戒律を生活に組み込む実質的な媒介となったのが「労働」です。プロテスタントは労働を天から与えられたもの、つまり「天職」とみなす宗教だったのです。したがって、この宗派の中では神との関係性を保証できる「労働」に勤しむことがそのまま「信仰」

になるわけです。だからこそ、この宗派では教会などは不要とされ、馬車馬（ソルジャー）のように働くことが奨励されるわけです。

ここで冒頭の資本主義とプロテスタントの接続が見えてくるでしょう。ヴェーバーは、〈資本主義世界では欲望に満ちた拝金主義的人間が頂点に立つ〉という認識を覆すものだと結論づけました。言い換えれば、本来であればそういう世界で敗北するはずの禁欲の精神を持った人間が成功していることがしばしばあるということを彼は述べているのです。

禁欲的で信仰に熱心であるということ、他方の資本主義的営利生活に携わるということと、この両者は決して対立するものなどではなくて、むしろ逆に、相互に内面的な親和関係にあると考えるべきではないか、と。

プロテスタントが宗教に労働を取り込めた理由

次に、今の話をより深く理解するために、どのような経緯でプロテスタントが労働を教義に取り込むことができたのかを考えます。

ヴェーバーはその答えとしてプロテスタントがこれまでの宗教とは異なるものだったか

らだと考えます。具体的にどう違うかは、当時のプロテスタントが誕生した背景を見るとわかるようです。

カルヴァンが現れる以前、欧州では布教家や教皇が民衆の信仰心を利用して金銭を徴収していました。高額な免罪符の販売は有名です。この宗教家たちの堕落した行いに対して、強烈な批判をしたのが（ルターと）プロテスタントを生み出したカルヴァンなのです。

もちろん彼は批判をするだけに留まりません。彼は、〈合理的なキリスト教的禁欲と組織的な生活態度を修道院から牽《ひ》き出して世俗の職業生活の中に持ち込〉むことでキリスト教を救おうとしたのです。

しかし、宗教改革により生まれたプロテスタントにはある根本的な弱点がありました。それは、キリスト教を守ろうとする過程で禁欲の精神や生活態度だけを教義としたために、「神に対する懐疑」を解消するほうには向かわなかった点にあります。むしろ、自らが確信を持って生きられるように持ち込んだ「職業倫理」が、「神」のいた位置に取って代わることで神への信頼回復は不可能なものとなったのです。

言い換えると〈むしろ職業労働によってのみ宗教上の疑惑は追放され、救われているとの確信が与えられる〉状況をプロテスタントはつくり出したのです。

こうしてひたすら労働に打ち込ませ、労働自体を目的とする人間が多く生まれることになりました。その結果といっては何ですが、禁欲の精神を持つプロテスタントが資本主義で成功者として現れたのです。

成功する条件はわからない

話を戻しますと、この節の冒頭で「成功者になる条件とは何なのか？」という問いを立てました。これに対して私はヴェーバーのテキストを参照しつつ、プロテスタントの宗派に参画することが1つの方法であることを示しました。つまり、禁欲的になって労働に打ち込むことで成功者になれる（救われる）という教えにならえというのが1つの答えだということです。

このヴェーバーの結論は、一般的な通念としてありがちな「南の島に別荘を買ってアーリーリタイアするぜ」と考える人や、「大きな夢を具体的に掲げている人」が資本主義で勝者になるということが、普遍的原理ではないことを示しています。

しかしながら、もちろん、プロテスタントのように禁欲的な人だけが成功するわけでもありません。それは世の中を見れば、あなたも共感するところでしょうけれど、強欲的な人が成功している例も世の中にはたくさんあるからです。

結局、『プロテスタンティズムの倫理と資本主義の精神』を読んで、現代に生きる我々がわかることは「成功者になる条件はわからない」ということです。朝早く起きようが、朝活をしようが、一次会で帰ろうが、高い手帳を使おうが、成功するかどうかなんてわからないのです。逆に、昼の12時に起きて毎日のように朝まで飲んで帰るような生活をしても成功者になるかもしれません。

そういった中で、最終的にヴェーバーは何を伝えたかったのでしょう?

それは難しいところではありますが、ヴェーバーの生きた当時でいうところのプロテスタンティズムによる支配のように、自らが心地よいと思える「支配」にたどり着くため、いろいろな「支配」を経験してみることを勧めたかったのかもしれません。

ともすれば、我々は「支配」からの解放を目指し、いかなる「権威」からも逃れ、何者にも支配されない状況というものを追いかけてしまいます。しかし、「超」のつく起業家にしても、何かしらの「権威」のもとで行動をしています。たとえば、松下幸之助や稲盛和夫といったカリスマ経営者の話に少々宗教ぽさを感じるのは、彼らもまた何かに「支配」される1人にすぎないことを示しています。

今の話を裏付けるものとして、〈宗教改革が人間生活に対する教会の支配を排除したのではなくて、むしろ従来のとは別の形態による支配にかえただけだ〉と述べられています。繰り返しになりますが、人間はすべての支配から逃れることはできません。それゆえに、支配されるという前提のもと、心地の良いものを選び取るというのが現実的で良い選択ではないかということです。

ちなみに、私は精神的にやられない程度にみんながほどほどに働くような世界を良しとする権威になびいています。電車が遅延したからといって駅員に怒鳴ったり、飲食店や携帯ショップで過剰なサービスを求めたりする今の世の中は望ましいとは思いません。

title: 33

どうしたら生産性が上がるのか？

『孤独なボウリング：米国コミュニティの崩壊と再生』

ロバート・D.パットナム著、柴内康文訳

柏書房、2006年

「日本人は生産性が低い」

何か学術的裏づけを持って述べられていると思われますが、最近このような議論がよく行われます。無駄に長時間働き、残業代だけ稼いで帰宅する、こういった日本人のイメージとも相まって、この仮説は広く浸透しつつあります。

ですから、今は「生産性を上げるために○○をしよう」といった議論が盛んです。解決策も次々と考え出され、個人のレベルでいえば、「退社時間を決める」だとか「ＴｏＤｏリスト」をつくるなどがよく見られます。企業でいえば、よりたくさんの付加価値を生み出すために社内の事業をデジタル化したり、リストラをしたり、アウトソーシングを進めたり、移民を受け入れたりといったことが提言されています。

ただし、これらはいずれも「短期的視点」で生産性を上げる方法です。一方、短期的視点とは異なり、「長期的視点」での生産性を高める方法について考察したのが、ロバート・パットナムの『孤独なボウリング』です。

長期的な生産性の向上を念頭に置いた場合、これまでの生産性に関する議論では見られなかったような結論を出さざるをえなくなるというのが本書の読みどころです。

社会の生産性を上げる社会関係資本

まず、パットナムは社会全体の生産性を上げるものを簡単にまとめています。結論から述べると、パットナムは「社会関係資本」こそが社会の生産性を上げると語ります。社会関係資本とは〈個人間のつながり、すなわち社会的ネットワーク、およびそこから生じる互酬性と信頼性の規範〉だと彼は定義します。一般的にイメージされるような意味での物的資本は、「個人」に価値の起源を求めるのに対して、社会関係資本は「集団」に価値の起源を求めるところが特徴です。

ただし、社会関係資本とは〈個人的な影響力や友情といったもの〉を意味するのではありません。彼は、社会関係資本がもたらすメリットについて大きく3点述べています。

まず1つ目は、〈市民が集合的問題解決をより容易にすることを可能〉にします。たとえば、〈協力が達成され、各人が自分の務めを果たしたならば、全員が幸福になる〉ことを可能にします。イノシシに畑を荒らされて困っている農家が複数いるような場面を想像していただくとわかりやすいと思います。みんなで協力することで、1人で行うよりも早くイノシシを捕まえられる可能性が高まります。

2つ目は、〈コミュニティがスムーズに進むための潤滑油となる〉ことです。これは、〈相手が取り決めを全うすることを確認し、さもなければペナルティを課すために、時間と金を使う必要がない〉ことを意味します。監視カメラや警備員をたくさん雇っているコミュニティを想像していただくといいでしょう。他者への信頼が欠けているからこそ、このような状況になるのです。都市部でより顕著かもしれません。

最後に、〈自らの運命がたくさんのつながりを持っている、ということへの気づきを広げること〉ができるようになります。たとえば、〈いろいろな団体に加入する人は、より寛容で、シニカルでなく、そして他者の不幸に対してより共感的である〉とパットナムは指摘します。他者への敵対心が減るということです。

社会関係資本は経済的にも恩恵がある

パットナムは、社会関係資本が存在するコミュニティでは数多くの恩恵が得られると述べます。その1つが驚くべきことに経済的恩恵なのです。

一例を挙げましょう。スミスの『国富論』やマルクスの『資本論』などなんでもいいのですが、経済学の世界では匿名状態の供給側と需要側がなんの疑いもなく取引をしています。しかし、こうした何気ない取引が成り立つということ自体が実は「通常」状態ではないのです。世界を見てください。

「相手がちゃんとお金を払ってくれるのか」「ちゃんと納品してくれるのか」「武器を出して脅してこないか」など、互いに疑心暗鬼が伴う社会がざらにあります。そこでは、信頼を保証するために必要以上の時間的コストや経済的コストがかかっていますし、結果として経済活動も活発になりません。

それゆえ、公的な緩いネットワークの存在は治安だけではなく、物質的メリットもあるのです。多くの取引を安心してできる国は世界でもそれほど多くありません。

もちろん、パットナムはこの社会関係資本が〈経済的に非生産的な結果をもたらす可能性〉もあると述べています。つまり、〈集団の持つ信頼と団結の堅い結束が、成長と流動性を制約する可能性〉があるのです。談合などがまさにそうです。

ただし、いくらネガティブな側面があるからといっても、社会関係資本は社会を円滑に進める上で必要なものなのです。そういう意味では、他者との強すぎる関係性ではなく、少し緩い形で他者と関係性ができているというのがいいのかもしれません。

社会関係資本が減少しつつある要因

さて、メリットがたくさんある社会関係資本ですが、時代により増減するというのがパットナムの見解です。パットナムによれば現代は、社会関係資本が減少している時代だと各種データをもとに説明しています。

その代表例が、テクノロジー等の発展による社会的分業の行き過ぎです。彼はこれを「プロ化」と呼んでいます。あらゆるものをプロに委託する流れの中で、コミュニティ内での協働の精神が失われつつあるというのです。

なぜなら、プロに頼んだほうが短期的な経済効率が良いからです。本書の中では、〈社会奉仕、公衆衛生、都市設計、教育、近隣組織、文化的慈善活動、さらにはロビー活動においても、専門のプロスタッフは、当面の課題となっている仕事を「善意の」ボランティアよりもずっと効果的、効率的に行うことができる〉と述べています。

たとえば、地域清掃を業者に委託して、そのコストを住人が負担して済ませるコミュニティを想像してみてください。確かに住人は、その時間を本業や休暇に費やし、各々分業したほうが、生産性が高くなります。しかし、長い目で見た場合、プロへの委託はコミュニティ内で関係性を創造する機会が失われることを意味します。このようなプロへの委託が進むところでは、物理的には近くに住んでいながら、個々人がお互いに誰かも知らないような社会関係資本の少ない状況が生まれるのです。

これは事業会社にもいえることで、目先の利益に追われるあまりアウトソーシングや従業員の解雇を繰り返すと、一体感の損なわれた組織になります。結果として、長期視点で見た場合に経済的にも生産性の低い企業になり、業績が下降するということもありえます。

パットナムの主張をまとめると〈一般的互酬性によって特徴付けられた社会は、不信渦巻く社会よりも効率が良い〉ということです。これが意味するのは治安や教育水準はもちろん、経済的な意味でも効率が良いということです。

昨今、ビジネスパーソンの多くは自分自身をやすりで磨くアプローチしか「生産性を上げる」方法を知りません。しかし、それで上がるのはたかだか個人としての業務効率です。組織や社会としての生産性を上げ、「そこにいて楽しい」と考えられるような満足感を求めるならば、必要なのはやすりではない何かだと気づけるはずです。

多くの人がやすりを手放せないでいる今こそ、社会関係資本を強化できる人が求められているのです。信頼は社会生活の潤滑油となるのです。

title: 34 無能なリーダーが誕生するのはなぜか？

『ルイ・ボナパルトのブリュメール18日』
カール・マルクス著、植村邦彦訳
平凡社ライブラリー、2008年

「会社の上司を見ていると世の中誰が出世するかわからない」
「会社の社長が違法行為を平然とやるんだよね」
特定の組織に所属していると、「何でこの人が上にいるんだろう？」と思うことはありませんか？　もちろん、この疑問を抱く人自身が、実務的に問題があることを責任転嫁しているだけの可能性もあります。しかし、「有能な人がリーダーになる」ことが普遍的に妥当しないことはよくあります。
なぜ、有能と思えない人、凡庸な人物がリーダーになることがあるのかについて考察を深めることができるのが、カール・マルクスの『ルイ・ボナパルトのブリュメール18日』

です。

マルクスは『資本論』が有名で、経済思想の重鎮といわれています。しかし、政治風刺を行ったこの書籍も読みどころがたくさんあります。

なぜ「優秀な人がリーダーになる」わけではないのか？

マルクスの考えに沿ってなぜ「優秀な人がリーダーになる」とは限らないのかを見ていきます。端的にいうと、人間の選択や行動が自分の内面から発する独立した意志の結果によって生じるわけではないからです。

> 人間は自分自身の歴史を創るが、しかし、自発的に、自分で選んだ状況の下で歴史を創るのではなく、すぐ目の前にある、与えられた、過去から受け渡された状況の下でそうする。

マルクスがいっているのは、我々が自らの意志のみによって歴史をつくるのではなく、過去を元に判断を行い、それが歴史になるということです。それゆえ、過去の社会的条件の積み重ねで優秀とはいえない人物がトップに上り詰めることは現実に起きるわけです。

その一例が本書で挙げられている「ルイ・ボナパルト」です。

〈ナポレオンの甥であるということのほか何者でもなかったボナパルト〉がフランスの皇帝にまで上り詰めたのです。なぜそこまで行けたのか。それに対する答えとして個人の資質や能力だけでは説明がつかないというのがマルクスの立場なのです。マルクスは、フランスの階級闘争という社会的条件がその最たる要因だといいます。


中庸でグロテスクな一人物が主人公の役を演じることを可能にする事情と境遇を、フランスの階級闘争がいかにして創出したか、ということを証明する。

優秀ではない人物がいかにしてトップに上り詰めるのか？

ルイ・ボナパルトが、フランスの階級闘争という社会的条件から皇帝にまで上り詰めたことをここまで書いてきました。

マルクスのいう「階級闘争」という言葉は『資本論』でも出てくる重要概念ですが、基本的には「ブルジョアとプロレタリア」の対立を指します。

ルイ・ボナパルトも両者の階級闘争の歴史の中から生まれてきました。前後の歴史の流れを時系列で書くとこうです。

「オルレアン朝」→「二月革命」→「第二共和政」（ボナパルト登場）→第二帝政ボナパルト朝（ボナパルトによる独裁）。

個々の名称については覚えていただく必要はありません。これを平易に読み替えます。まず、オルレアン朝というのは「ブルジョアや金融資本家」の利害を代表する政治体制だったといわれています。具体的には、労働者は無権利に近い状態で抑圧されました。とにかく産業革命を推し進めるべくブルジョアを優遇する政治でした。

そういった抑圧状態の労働者が耐えかねて、二月革命が起きます。これはプロレタリアが主体となって起きた革命とされ、ブルジョア勢力は力を弱体化させます。

ただしここで、プロレタリアが政治体制を担うという展開にはなりませんでした。そこまでの力はなかったのです。

結果、ブルジョアとプロレタリアのいずれの階級が、次善の策として支持をしたどの階級を代表するわけでもないルイ・ボナパルトが大統領に選ばれたのです。

もちろんこの段階ではまだ議会がありますから、独裁ではありませんでした。このあと議会でまた各階級の対立が激化するのですが、その混乱をボナパルトは利用しました。たとえば、軍隊に対してバラマキを行って味方につけたり、ブルジョア階級間の内部分裂をけしかけたりすることなどがありました。

最終的にこの裏工作が成就し、1851年に議会を解散させたボナパルトは、議会要人を拘束し、国民投票を行います。そして、すでに議会に失望を深めていた国民たちの投票により王へと選出され、軍事独裁体制を完成させたのです。

ここまでの流れで重要なのは3つです。

1つ目はブルジョアとプロレタリアの階級闘争が共和制国家では避けられないこと。2つ目は、ブルジョアは一枚岩ではなく内輪揉めが多々あること。3つ目は、ブルジョア間の内輪揉めにより階級が疲弊し、その状況に付け込んで、プロレタリアの支持を得た1人の人物が権力を獲得することです。

ルイ・ボナパルトも途中でブルジョアと同盟したりしていますが、皇帝になるときにはプロレタリアを味方につけていました。

ルンペンプロレタリアートの首領となり、自分が個人的に追求している利益をここでだけでは大衆的形態で再発見し、あらゆる階級のこのようなクズ、ゴミ、残り物のうちに自分が無条件で頼ることのできる唯一の階級を認識するこのボナパルト、彼こそが現実のボナパルト、飾りなしのボナパルトであり、彼が後に全能の力を持って革命家たちとともに自分の昔の共犯者の一部をカイエンヌに送り込むことで、彼らに借りを返した時、その時でさえも見間違えようがなかった。

別の視点で見るとその人の優秀な部分が見える

ここまでの流れから、ルイ・ボナパルトが統治能力で何か飛び抜けた実績を残していたり、カリスマ性を持っていたりしたわけではないことが明確になりました。

彼には、勝ち馬に乗り続け、生き残るためにかつての味方をも切り捨てるずる賢さがありました。彼はナポレオン・ボナパルトのように、どうすれば頂点に立てるのか（権力をほしいままにできるか）という嗅覚が非常に鋭かったのです。

それゆえ、本節のテーマに戻ると、ある人がなぜ頂上に上り詰めたのかを把握するには、その人の能力を一面的に見ないことが重要です。

たとえば、会社で上役になる人は「仕事ができるから出世している」とは限りません。

また、政治家であれば、「政治能力があるから政治家になっている」とは限りません。周囲に取り入る能力かもしれませんし、ルイ・ボナパルトのように選挙権が多くの労働者に拡大されたという彼の意思とは無関係の社会的要因が決定打になっているのかもしれません。

逆に、こういった社会的条件が個々のステータスを決めているのであれば、能力のある人が社会的条件によって自分の力を発揮できていない可能性があるともいえるのです。

ある人物の評価には慎重であるべきだというのが『ルイ・ボナパルトのブリュメール18日』のメッセージではないでしょうか。

title: 35

良きリーダーになるためにはどうすればいいのか？

ニッコロ・マキァヴェッリ著、永井三明訳『**ディスコルシ：「ローマ史」論**』ちくま学芸文庫、2011年

今、日本のあらゆる組織で探しているものがあります。それは「偉大なリーダー」です。その人さえいれば組織を大きく良い方向に導いてくれるようなことを期待しているのでしょう。

これは組織の側だけではありません。個人の側でも「偉大なリーダー」にならなくてはならないという考えが広まっています。

理由はリーダーになって一儲けするためなのか、美女にモテモテになりたいのか、周囲をつき従え優越感を感じたいのか、人それぞれでしょう。

ただ、リーダーになろうとする人がこぞってやっていることがあります。それは優れた

リーダーの書籍を読むというものです。そして、それらのリーダーが何を考えていたのかを知り、同じ考えを持つことで自分もそうなろうとするのです。

そこで、そういった「リーダー論」を学ぶ上での注意点が学べる本をご紹介します。ニッコロ・マキャベリの『ディスコルシ』です。

マキャベリといえば『君主論』?

マキャベリといえば『君主論』が有名です。昨今この『君主論』が非常に多くのビジネスマンに読まれています。書店でも『孫子の兵法』などと一緒にビジネス書コーナーで見かけることが多くなりました。なぜ人気かといえば、「リーダー論」として読むことができるからです。

本題に入るにあたってこの『君主論』で語られるリーダー論の概要を少しだけ述べさせてください。

端的に、マキャベリの『君主論』で語られる優秀なリーダー像を述べると、国家に利益をもたらすことに照らして、時には手段を選ばず行動できる人物のことを指します。マキャベリズムとも呼ばれる考え方ですが、ここで「手段を選ばない」リーダーと聞くと、恐ろしい気持ちになるかもしれません。

しかし、彼がそう考えるのには理由があるのです。彼の中では〈読む人が役に立つものを書くことであって、物事について想像の世界のことより、生々しい真実を追うほうがふさわしい〉（マキアヴェリ著、池田廉訳『君主論　新版』中公文庫）という考えがありました。

背景には、彼は官僚として見聞を深める中で、〈人が現実に生きているのと、人間いかに生きるべきかというのとは、はなはだかけ離れている〉（前掲書）ことに気づいたこともあったようです。

いずれにしても、一般的には道徳的に優れた人が優れたリーダーになっているというストーリーが好まれる中で、現実においてはそうではないと述べるマキャベリに対して、多くの人が意外性を感じつつも共感できる部分があり、『君主論』がもてはやされているのです。

マキャベリの「リーダー論」を鵜呑みにする危険性

さて、ここから本題に入ります。

あらかじめその趣旨を述べるならば、特定の「リーダー論」を鵜呑《うの》みにすることは危険だということです。マキャベリの「リーダー論」は『君主論』だけを読むと「利益のために手段を選ばない行動をとる」ことが優れたリーダーの条件だという理解をしてしまいます。この理解だと、サイコパスのようなリーダーがあるべき姿だと勘違いしてしまうでしょう。

しかし、その理解はマキャベリの考えの一面的理解でしかないのです。

1つ例を挙げましょう。

そもそもマキャベリ自身は強力なリーダーの下で展開される君主国家を理想としていませんでした。組織論に寄せて読んでいる方に合わせていうならば、1人のカリスマリーダーによる統治状態を最善な状態と考えていなかったのです。

これは『君主論』だけでは読み取れません。ここで挙げるもう1つの代表的著作である『ディスコルシ』を読むと見えてきます。

マキャベリは同書において明確に〈共和国は君主国に比べてははるかに繁栄し、かつ長期にわたって幸福を享受できることが理解できよう〉と述べています。

共和国では国内にいろいろな才能を具えた人間が控えているので、時局がどのように推移しようと、これにより巧みに対応していくことができるが、君主国の場合はそうはいかない。

ここでは、強いリーダーに頼る国家は時局の推移に対応する力が共和国に比して明確に劣ることが述べられています。

誤解のないように補足をすると、時系列的には『君主論』を書いた後で『ディスコルシ』をマキャベリは書いています。それゆえに、『ディスコルシ』を書いた後で考えが変わったわけではありません。

「リーダー論」を学ぶ人のために

このマキャベリの話を通してお伝えしたいことが2つあります。

まず1つ目は、ある1冊のリーダー論を読んだだけではその人の考え方のすべてを理解できないことが往々にしてあるということです。本ケースでいえば『君主論』だけを読んで「リーダーたるものサイコパスでなければならない」といった考えを持ってしまう危険性がありました。

小林秀雄の書いた読書論に『読書について』があります。そこであるべき読書について次のように述べています。

> 一流の作家なら誰でもいい、好きな作家で良い。あんまり多作の人は厄介だから。手頃なのを一人選べば良い。その人の全集を、日記や書簡の類に至るまで、隅から隅まで読んでみるのだ。
>
> ——小林秀雄『読書について』中央公論新社

もし生き方を真似したいほど尊敬する作家がいるのであれば、ぜひその人の全著作を読んでみてほしいのです。その重要性は読み通したときにわかるでしょう。

もう1つが、ある個人の意見を理解するにはそのときの社会状況もより理解することが重要だということです。今回のケースでいえば、『君主論』が書かれた背景が重要です。当時のイタリアでは種々の制約から「君主国家」を選択するしかなかったことを理解するかどうかで彼に対する理解が大幅に変わります。

『君主論』ではその制約条件下での現実主義的な選択を述べただけなのです。そのことは

『ディスコルシ』を読み解くとわかるでしょう。

彼はあくまでカリスマリーダーに依存するような国家を理想としたのではなく、多様な人材が控えるような共和国を最善と述べていました。

良きリーダーになるために「リーダー論」を学ぶことに勤しむのであれば、ここで述べた2点を押さえることにより誤解の積み重ねは避けられるでしょう。

多面的に見ていけば、1人の孤高のエリートという「リーダー観」が我々の認知バイアスだと気づくのに時間はかかりません。

title: 36 なぜメンタルをやられるのか？

A.R.ホックシールド著、石川准、室伏亜希訳『管理される心』世界思想社、2000年

日々会社勤めをする中で、「精神的にまいっている」と感じたことはありますか。また、そういう人を見かけたことがありますか。私自身はまだメンタルブレイクの経験はありませんが、よく見かけます。はたから見ると体調は悪くなさそうなのに、ある日突然体調を崩してリタイアするというようなケースです。

恐ろしいのは、「メンタルがやられる」という現象には共通点がないことです。

たとえば、仕事がうまくいかない人だけに起こるのであれば、解決は容易です。どうすれば実績が出るのかをみんなで考えたり、評価制度を多少いじって結果へのウエイトを少し緩めることで解消するでしょう。しかしこの現象は、仕事が絶好調で順風満帆に見える

人にも起きています。私自身、営業成績で会社のギネスを更新した翌月に休職した人を見たことがあります。ドラマではあまり見られないような光景が現実では起きるのです。

本節では、現代社会で多くの人の感情を苦しめる状況を描いた1冊を紹介します。アーリー・ホックシールドの『管理される心』です。「感情労働」という概念を提起した本として有名なのですが、「なぜ多くの人のメンタルがやられるのか？」という本テーマについて考える上で非常に示唆に富んでいます。

メンタルをやられる原因

まず、「メンタルをやられる人」が現代社会で増えている原因についてホックシールドの見解を見ていきましょう。

一言でいうと、産業構造の変化に伴い、「肉体労働」に対して「感情労働」の割合が増えたことです。つまり、昔に比べて、多くの人が賃金を得るために肉体よりも感情を酷使する社会になったのです。

「感情労働」という言葉はホックシールドが提起した概念ですので、少し詳しく見てみましょう。

まず、〈感情労働は、個人が持つ自己に関する意識への挑戦〉を強いるものです。つまり感情労働は、自分のあり方に関わる労働ということです。そして、〈「ほんとうの自己」と感じているもの〉と〈内面的なあるいは表面的な演技との間に不一致があるときには、それは何とかしなければならない〉と考えることを要求するのです。

「感情労働」という行為は、本来的に自己の所有物であるはずの〈感じ方や感情の表し方に関する規則が経営者側によって設定されている〉のです。つまり、感情労働は、本来の自分と演技している自分とで不一致があり、経営者によってどのような自分を出すかを決められる労働ということです。

逆に、〈「高潔な野人」のような人間は（中略）ただ「自然に」笑うのだが、ウェイターやホテルのマネージャー、客室乗務員といった仕事をこなせる見込みはほとんどない〉のです。

ありのままに感情を表現することは「感情労働」とは正反対なのはいうまでもありません。

感情労働を構成する表層演技と深層演技

それゆえ、「感情労働」を行うには「演技」が求められます。

実際、彼は「感情労働」を2つの演技段階に分けています。1つが表層演技の段階で、もう1つは深層演技の段階です。それぞれがどういうものかを見ると「感情労働」の正体はより鮮明になります。

まず、表層演技のほうですが、これは〈自分がほんとうに感じていることを他者に対してごまかしている〉状態で他者と対面することをいいます。つまり、「表層」という言葉が指すとおり、ある感情を抱いていることを相手にアピールするものの、根底では自分がそのようには感じてはいないという自覚があるのです。たとえば、「クソみたいな客だな」と思いながら笑顔をにっこりつくって接客をするのは表層演技といえるでしょう。

一方で、2つ目の深層演技はこれより一段深い演技です。なぜなら、深層演技は〈他者を欺《あざむ》くのと同時に自分自身をも欺いている〉からです。これだけ聞くと本当にそんなことが可能なのかと疑問を持つかもしれません。

ホックシールドがいうには深層演技をするには2つの方法があります。

まず、〈一つは感情に直接命じるもの、もう一つは訓練されたイマジネーションを間接的に利用するもの〉です。ただし、真に深層演技といえるものは後者であると演出家のスタニスラフスキーに依拠しつつ彼は述べます。

なぜなら、〈感情がどのように作動するかをいくら深く調べても、感情を直接突き動かすことはできない〉からです。それゆえ、感情を本当に突き動かして深層演技をするには〈ファンタジーや潜在意識または半意識的な記憶全体が、貴重な資源とされ〉る必要があるのです。わかりやすくいえば、ある特定の感情を無理やりにでも湧き上がらせるために、過去に同様の感情を経験した記憶をかき集めるのが最も効果的な方法なのです。

メンタルをやられる人たちの末路

ここまで2つの演技について触れました。彼が「感情労働」を定義づける上で力点を置いているのは、もちろん深層演技です。思ってもいないことを訓練によって思うようにし、演技することでギャラをもらう劇団員と、消費者が求める感情を演じることで賃金を得ている感情労働者は本質的に同じだと彼は考えているのです。

ただし、両者の間には明確な違いがあります。演技終了の合図があるかないかです。つまり、劇場であれば、幕が下りれば演技は終了し、幻想は消えるわけですが、日常生活で行われる深層演技にはこのようなサインがありません。これは些細な違いに見えるかもしれませんが、実は感情労働の危険性を示す大きなな違いです。

なぜなら、他者の期待に応えるために〈感情をますます支配や操縦の対象とし、多種多様な管理の形に従わせ〉ようとする終わりなきループに入り込むからです。

もちろん、ご自身が生涯を通して自分自身を完全に欺き通せるのであれば心配には及びません。しかし、多くの人が現代社会で精神に支障をきたしているのは、この自己欺瞞による歪みが原因です。

本来の自己と演技する自己の区別がついている間はまだ大きな問題は起きません。問題はこの区別がつかなくなるときです。

「感情をコントロールできる」と聞くと、一般的にそれは「良いこと」とされます。確かに、嫌なことがあるとすぐに泣き出す大人が目の前に現れたらドン引きします。しかし一方で、すべての感情をコントロールし尽くし、そのつど他者が望む感情を自在に表出できる人のほうがもっと恐ろしいかもしれないというのがホックシールドが伝えることです。

いずれにしても、記憶に留めておきたいのは、今の社会は「感情」を差し出すことで対価を得るということが非常に広く見られる社会構造になっています。それゆえに、ここまでに書いた話に無縁でいられる人は極めて少数であり、誰もがいつの間にか気づかぬ間に自己欺瞞による精神崩壊を起こす可能性があるのです。

第6章
簡単に啓発される我々の「自己」って…

＊自分磨きについて

title: 37

アドラー心理学はなぜ流行るのか？

『推測と反駁：科学的知識の発展　新装版』法政大学出版局、2009年
カール・R.ポパー著、藤本隆志、石垣壽郎、森博訳

アドラー心理学が流行しています。岸見一郎、古賀史健による『嫌われる勇気：自己啓発の源流「アドラー」の教え』（ダイヤモンド社）という著書がきっかけだと思われますが、出版不況の中で数百万部も売れました。そして、その盛り上がりは冷めることなく、今日でもアドラー心理学に関連した本が次々と出版されています。現代社会で、なぜアドラー心理学がこれほどまでに人気なのでしょうか。

私は3点ほど理由があると考えています。

1つ目が、自分の今の悩みへの解決策を与えてくれることです。昨今は悩みを抱えている人がかなり多いようです。ですから、この本はありがたい存在だったのでしょう。ただ

し、これだけだとその他の自己啓発本と変わりません。したがって、2つ目と3つ目の理由が重要になります。

2つ目の理由は、悩みを解決する著者の言葉に「学問的権威付け」があったからだと考えられます。要するに、学問として認められているという安心感が多くの人にとって信頼できるものとなったということです。

最後の3つ目ですが、「わかりやすい」ということも理由に挙げられます。後述しますが、マルクスやニーチェなんかとは比べ物にならないほど簡単にその理論を説明できるのです。「わかりやすくて我々の課題を瞬時に解決してくれるツール」

このようにいいことずくめのアドラー心理学ですが、実は危険な側面があるのです。我々は学問化されていると聞くと、つい「何かすごいもの」と思ってしまいがちです。しかし、これこそが危険なのです。

この問題について考える上でおすすめなのが、カール・ポパーの『推測と反駁』です。ポパーは、科学と疑似科学が混同されている現状を批判しています。つまり、「科学」とは言い難いものが科学の偽装をしていると指摘するのです。

その代表がアドラー心理学だと彼は考えています。以下、ポパーのエッセンスを抽出し、それを通して今流行りのアドラー心理学を批判的に読むきっかけにしていただければと思います。

アドラー心理学が似非科学である理由

ポパーがアドラー心理学を似非科学であると考える理由を見ていきます。結論からいうと、似非科学たる理由は、そのわかりやすさにあります。

アドラー心理学を端的に述べると、人間がある行動をする理由として「何らかの目的があって」しているとする点です。

その違いはフロイトの心理学と比較するとわかりやすいかもしれません。

フロイトの場合は、人間がある行動をする理由として「何らかの原因があって」したと理解します。たとえば、引きこもりの人がいたとして「会社で嫌がらせを受けたから」と考えるのがフロイトで、「引きこもるほうが楽だから」と考えるのがアドラー心理学です。

賛否はあると思われますが、これが理論の中心であることに異論はないでしょう。

このアドラー心理学を似非科学だとみなすのがポパーの立場です。なぜなのか？　それはこの形で打ち出された理論には反証できる可能性が存在しないからです。

「反証可能性」というのはポパーのキーワードなのですが、アドラー心理学にはそれが存在しないと彼はいうのです。それはどういうことかといえば、アドラー心理学を使えばすべての人間の全行動が反論の余地なく説明できてしまうのです。

そして、まさにこの事実――これらの理論がうまくあてはまり、常に確認されるという事実――こそ、その信奉者の眼には当の理論を支持する最強の証拠を提供するものだったのである。しかし、そうした見かけ上の強さが実は弱点なのだということが、わたくしには徐々にわかり始めていた。

ポパーとアドラーは個人的に知己の関係にあったのですが、今の話に絡めて『推論と反駁』には2人の興味深いやりとりが紹介されています。

アドラーについて言えば、わたくしはある個人的な経験を忘れることができない。一九一九年のあるとき、わたくしは格別アドラー的とも思われないような一事例をかれに報告したことがある。しかし、かれは、その小児患者を見たことさえないのに、

自分の劣等理論によってその事例を事もなげに分析してみせたのである。

この例が伝えているのは、アドラーは話を聞く前から答えが決まっていると考えている点です。

アドラーにとっては、「わからない」と返すことなどありえないということです。しかも、いついかなるときでも答えを瞬時に出せるほど、彼は自身の理論への強い確信を持っていました。

アドラー心理学が危険な理由

さて、アドラー心理学の危険な点はここまでくれば明快です。

一言でいえば思考停止に他人を導くのです。なんでもアドラー心理学だけで説明できてしまうという短絡的な思考です。

たとえば、「あなたが仕事でうまくいかない理由」も、「上司がむかつく理由」も、「妻との関係がうまくいかない理由」も、「あなたの尻がかゆい理由」も、すべてアドラー心理学で瞬時に説明できます。

少し長いですが、ポパーの主張を引用します。

考えうるあらゆる事例がアドラーとか、同じくフロイトとかの理論によって解釈できるということなのだから、とわたくしは考えた。この点は、二つのきわめて異なった人間行動の例で示すことができるだろう。すなわち、子供を溺死させようとして水中に投げ込む男の行動と、子供を救おうとして自分の生命を犠牲にする男の行動である。この二つの事例のいずれもが、フロイト理論、アドラー理論のいずれをとっても同じくらいに容易に解釈することができるのである。フロイトによれば、最初の男は（たとえばエディプス・コンプレックスの一部を構成している）抑圧に苦しんでいるのであり、第二の男はその昇華に成功していることになる。アドラーによれば、最初の男は劣等感情に支配され、そのため犯罪さえもあえて犯しうることを自ら証明する必要に迫られているのであり、第二の男も劣等感は持っているが、かれの必要としているのは、あえて子供を救助できることを自ら証明してみせることである、ということになる。わたくしには、この双方の理論によって解釈できないような人間行動など考えることができなかった。

その善し悪しを論評するつもりはありませんが、少なくともアドラー心理学は宗教と同じカテゴリーに入ります。

なぜなら、アドラー心理学を信奉するには全現象および全行動に対してあらかじめ答えが決まっているという前提に立つ必要があるからなのです。アドラー心理学を信奉することと「神がいっているから」ということの間に大差はありません。

ポパーが述べる「科学的」なもの

では、ポパーはどういったものを「科学的」だと考えるのでしょうか。

これは繰り返しになりますが、「反証できるもの」こそが科学的なものなのです。

> 換言すれば、有意味な命題とは、可能な事態を記述し、原理的には観察によって確定ないし反証されるような、単純な要素命題あるいは原始命題へ、完全に還元できる。

有意味な命題とは、実験や観察によって反証される余地がある命題なのです。

このポパーの結論は意外に感じる方もいるかもしれません。なぜなら、誰によっても反証できず、常に当てはまるからこそ、「科学」であるのとみなすのが一般的だからです。

しかし、ポパーは反証可能性がないものは科学ではなく宗教と変わらないものと考えました。

なぜなら、科学的な〈理論は、それがわれわれの案出しうる最も厳格なテストに堪えている限り、受け容れられる〉ものだからです。さらに、科学的な理論とは〈経験的な証拠から推論されるものではない〉のであって、〈純粋に演繹的なもの〉でなければならないと主張しています。

彼が「科学」を「反証可能性」という形で捉えたのには理由があります。それは次のように捉えているからです。

将来は極めて重要な多くの点で過去とは非常に違ったものになるだろう。

それゆえに、ある単一の理論が時代の変化を通してまったく役に立たなくなりうると思うほうが理にかなっていると考えていました。

アドラー心理学の場合、これとは逆なのです。人間の全行動がすべて瞬時に説明できると考えています。これは世界が固定化して何もかも変化しないという前提に立たないと成り立ちません。

どちらの立場に立つかは個々人の好き嫌いによって決まるかもしれませんが、少なくともポパーのほうが私にはリアリスト（現実主義者）に見えます。

少し小難しい話になったので最後にまとめます。彼の結論は、批判的に見ることができる可能性がないものは理論ではなく疑似科学であるということです。その疑似科学に該当する代表例が複雑で難しいこの世界を「簡単に」すべて説明できてしまうと宣言するアドラー心理学なのです。

昨今は心理学による課題解決が流行っています。いくつもの心理学の書籍が大ベストセラーになりました。時代がそれを求めているからなのでしょう。しかし、アドラー心理学同様、一切の批判を受けつけないという特徴は、我々を思考停止に導くことを知ると、現代社会の危うさがわかるのではないでしょうか。

title: 38 いかにすれば、感情を上手にコントロールできるか？

スピノザ著、畠中尚志訳『エチカ：倫理学 上』『エチカ：倫理学 下』岩波文庫、1951年

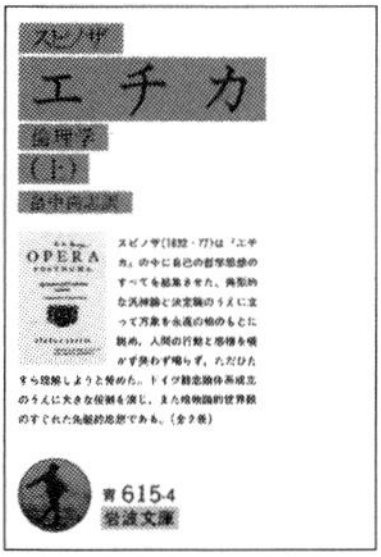

「あんなにムキになるんじゃなかった。最悪だ」

「あそこでへたに喜んでいなければよかった」

人間であれば、後から振り返ってなぜあのような行動をとったのだろうかと後悔することが少なくありません。特に感情的な言動を伴うと、しばしばこのような思いに駆られます。本節では、この「感情」について考えてみましょう。

あらかじめ、これを取り上げる理由について触れておきたいと思います。ここ数年は「マインドフルネス」や「アドラー心理学」「禅」などが注目されており、多くの人が自分の心をいかにしてコントロールするかへの関心が非常に高くなっているからです。

おそらく、心をうまくコントロールできれば人生万事うまくいくという考えなのでしょう。ここまで禅が流行っているのを道元が見たら「俺、報われたよ」といわんばかりに泣いて喜ぶでしょう。

しかし、私は感情をいかにコントロールするかより前にするべきことがあると考えています。それはそもそもの話として、感情というものがどういうものかについて考えることです。そこで、感情というものに徹底的に向き合ったスピノザの『エチカ』を通して、「感情のコントロール」をどのようにして達成していくかを考えるきっかけにしていただければと思います。

「感情」への誤解を解く

早速結論にもって行きたいところですが、結論に至る前に実は下準備が必要です。それは、「感情」への誤解を改めることです。

一般的に、我々が「感情」という言葉を思い浮かべるとき、それが自らの「意志」により生まれるものだと考えていないでしょうか。一例を挙げると、あなたが何かをいわれて怒りを爆発させたことを冷静に振り返るシーンを思い浮かべてみてください。

その際、仮に「自らの強い意志が足りず、負の感情に負けた」のだと考えるならば、あなたは「感情」を自らの意志で生み出したものだと勘違いしています。

しかし、スピノザはそうは考えません。彼は我々の「感情」は自らの「意志」のみで生み出されるものではないと考えたのです。

――人間の精神はその妥当な原因ではなくて、単に部分的原因にすぎない。――

要するに、個人の「感情」は自らの内で錬金術的に生まれてくることはありえないとスピノザはいい切ったのです。

感情の受動的側面が存在する理由

スピノザは、このように自らが外的な何かによって突き動かされる状態を「精神の受動状態」と表現しました。

ところで、彼はなぜ感情には受動的側面があるという考えたのでしょうか。このことについて理解を深めると、今まで以上に感情とうまく付き合っていくためのヒントが得られます。彼の「精神の受動状態」という着想は、「神について」と題された第1章で見つけることができます。神だけが「いかなる受動にもあずからない」でいられる存在だとスピノザが考えていたということがわかります。

ここで「神」という言葉を聞いて、「俺、無宗教だし。そんなオカルトの話するなよ」と思われる方がいるかもしれません。

しかし、実は、あなたが神の存在を信じるか信じないかは、それほど問題ではありません。なぜなら、他でもなく我々が神ではないからです。大事なのは、我々も含めた〈有限で定まった存在を有するおのおのの物は、同様に有限で定まった存在を有する他の原因〉から影響を受けざるをえないということなのです。

もし、あなたが神はいないと考え、あなた自身が神でないと考える「リアリスト」であるならば、人間の感情に「受動的側面」が存在することを否定できないのではないでしょうか。

感情とうまく付き合っていく方法

ここまでを一言でまとめれば、我々の感情というのは常に「受動的」に形成されている部分があるということです。万が一、あなたが今抱いている感情が100％自らの意志により生じたと考えているのなら、あなたは「神」です（そんなことはありえませんが）。

では、ここまでの話を踏まえて「感情」とうまく付き合うにはどうすればいいのでしょうか。この方法論に答えることは容易ではありません。しかし、逆にその答えとして違和感を持つべきものはすぐにわかります。それは自らの意志を強化することで、万事すべてを解決できるという誤りです。

1つの例として、マインドフルネスを過大評価し、これさえやれば自らの心を完全にコントロールできるようになるという考え方が当てはまります。

もちろん、マインドフルネスに限りません。それが自己啓発本やビジネス書に替わっても同じです。いずれにせよ、私が批判的に捉えるのは、今流行りのアプローチに見られる自らの「意志」が自律的で独立したものだと考える思想なのです。

では、我々は受動的な側面から逃れることができず、社会の赴くままに流されていけばいいのでしょうか。

スピノザはそう考えてはいません。なぜなら、〈精神の無能力ないし受動は単に認識の欠乏によって〉起きているだけだからです。自分の精神のコントロールができず、精神のなせるがままにされている状況は、自分の精神への認識力が足りないからだということです。

ということは、仮に今以上に認識を高めることができれば完全な能動性の獲得はできなくても、その方向へ近づくことは可能だということです。

この話はスポーツで、ある優秀な指導者が来るだけでチームが変わる例を考えてもらえばわかりやすいと思います。優秀な指導者は、個々の選手に勝つために必要なことを認識させるのが上手なのです。

別の言い方をすれば、ある基礎的な練習がすごく大事だとして、それをただ「大事だからやれ」というのではなく、なぜ大事なのかを個々の選手に諭すことが上手なのです。だから逆に天才型の人が指導者として大成しないことがあるのはこういった理由による可能性が高いと考えることができます。

いずれにしても、感情をうまくコントロールするためには、まず自らに特定の感情を抱かせたり、行動をとらせたりする原因をうまく認識することからはじまります。そして、その認識を高める鍛錬を積めば、一段高みへ行ったといえるのです。

まあ私は理由もなく四六時中イライラしているので、人のことはいえませんが。

title: 39 本を月に100冊読めば、成長できるのか？

ショウペンハウエル著、斎藤忍随訳『読書について：他二篇』岩波文庫、1983年

「俺は月に100冊は読むかな」

「私は月に本を50冊読み続けています！」

「私は週に10冊本を読んでいます！」

数字には個人差がありますが、向上心の高い人々からよく聞く言葉です。

だからこそ、私も読書が趣味という話をすれば、「どういう本が好きか」というよりも「何冊読むか」と聞かれることがあります。そして、「2冊くらいかなあ」といえば、「大したことねえわ、こいつ」という顔をして去っていかれるものです。

しかし、「読んだ量」を競うことに何の意味があるのでしょうか。1年に1000冊読

む人より1年に1冊しか読めない人が「イケテナイ」のでしょうか。

ここでは、昨今の速読トレンドに対して問題提起をしているショウペンハウエルの『読書について』を紹介します。読書論で最も有名といっても過言ではないほど、多くの人に長らく読まれてきた本です。いかに速く読むべきかが問われる時代だからこそ、読む価値が高まっています。

読書とは何か

まず、ショウペンハウエルが、読書がどのようなものだと考えていたかを見ていきましょう。

彼は読書を〈他人にものを考えてもらうこと〉であり、〈他人の考えた過程を反復的にたどるにすぎない〉と述べます。

興味深いのが、読書論ゆえ、読書を肯定するのかと思えば、随分と読書に対して批判的な態度をとるのです。

「読書をすればえらい」みたいな発想が軽薄なものだといいたげな主張です。実際、次のように指摘しています。

多読は精神から弾力性をことごとく奪い去る。

つまり、多読によって柔らかい頭が硬くなってしまうのです。
では、本を読んだらいけないのでしょうか。そうではありません。何をどう読むのかが大切なのです。

熟慮を重ねることによってのみ、読まれたものは、真に読者のものとなる。

しかし一方で、注意喚起も忘れません。

絶えず読むだけで、読んだことを後でさらに考えてみなければ、精神の中に根をおろすこともなく、多くは失われてしまう。

せっかく読むならば、読んだものや読んだ時間をできるだけ実のあるものにしたいでしょう。それならば意識すべきは量ではないのです。本を読んだ冊数を競うことはなんの意味もないどころか害悪ですらあるのです。そのためには、じっくりと熟慮をするに足る時間を確保する必要があります。

また、物を考える活動として本だけに没頭するのではなく〈現実の世界に対する注視を避けるようなことがあってはならない〉のです。

読んではいけない本

読んだ内容をよく咀嚼《そしゃく》し、自分の知識にするためには時間がかかるという彼の主張を尊重するならば、すべきことは決まってきます。

それは読む本を厳選することです。なぜなら、〈人生は短く、時間と力には限りがあるから〉です。それを裏付けるように彼は〈読まずにすます技術が非常に重要〉になるといいます。具体的にその技術は〈多数の読者がそのつどむさぼり読むものに、我遅れじとばかり、手を出さないこと〉を意味します。特に手を出してはいけないのが、「今、大評判で次々と版を重ねても、1年で寿命が尽きる」ようなものなのです。要するに、「ベストセラー」と謳われるものを警戒せよということです。

彼は次のように御用執筆者の輩《やから》を批判しています。

> 現代の文筆家、すなわちパンが目当ての執筆者、濫作家たちが時代のよき趣味、真の教養に対して企てた謀反は成功した。

結果として、多くの人々が〈時代遅れにならない読書法に励むように、つまりいつも皆で同じ新しいものを読んで、会合の際の話題に事欠かないように、（中略）訓練〉されてしまったのです。組織的な購入によりベストセラーがつくられているという話を聞いたことがありますが、これが本当であれば、ベストセラーを避けるというのは一理があるかもしれません。

どのような本を読むべきか

さて、悪書を追放した後にようやく良書を読む準備が整います。

では、良書が「今すぐに読むべき本」だとして、具体的にはどういう本を指すのでしょうか。これについて彼は端的に述べます。

比類なく卓越した精神の持ち主、すなわちあらゆる時代、あらゆる民族の生んだ天才の作品、すなわちあらゆる時代、あらゆる民族の生んだ天才の作品だけを熟読すべきである。彼らの作品の特徴を、とやかく論ずる必要はない。良書とだけいえば、誰にでも通ずる作品である。このような作品だけが、真に我々を育て、我々を啓発する。

「そんなことをいわれても困る」と思われるかもしれません。

しかし、ショウペンハウエルは良書を〈良書とだけいえば、誰にでも通ずる作品〉と説明するだけなのです。実に不親切です。具体的な作家名や作品を挙げてくれません。

ただ、これは少し拡大解釈することにはなりますが、「読んだことがなくても名前くらいはなぜか知っている本」と読み替えてもいいのではないでしょうか。

たとえば、日本でいえば夏目漱石の『こころ』、紫式部の『源氏物語』などであれば知らない人がいないレベルに有名でしょう。海外のものでいえば孔子の『論語』やシェイクスピアの『ロミオとジュリエット』などでしょうか。

ただし、こういう本を目にしたときに、多くの人が「こんな昔の本を読んで何の意味があるのか？」という疑問を持つかもしれません。

なぜなら、『源氏物語』を読んだからといって会社で出世できるわけでもなければ、会社経営ができるようになるわけでもないからです。つまり、現代社会でこれらの良書を読んでもすぐに役立つわけではないのです。むしろ、そのような本を買えば短期的に見ればただのお金の無駄と解釈しうるかもしれません。

では、このような有名な書物を「読んでも意味がない本」とするべきなのでしょうか。

最後にこの疑問について彼に影響を受けたヘルマン・ヘッセの考えをご紹介します。

ヘッセは、〈本当の教養は、何らかの目的のためのものではなく、完全なものを目指すすべての努力と同様に、それ自体価値のあるもの〉（ヘルマン・ヘッセ著、フォルカー・ミヒェルス編、岡田朝雄訳『ヘッセの読書術』草思社文庫）だといいます。

つまり、何らかの目的のための「手段」として読書することが、読書の理想のあり方からすでに逸脱しているのです。

また、彼は読書について〈金持ちや、有名人や、権力者になるなど最終的な目標を持つ〉べきではないと明言します。〈その努力そのものが私達をより楽しく、幸せな気分にし、自分の体力に対する自信と、自分が健康であるという気持ちをいっそう高めてくれるという価値をもっている〉からです。読書だけが〈私達を喜ばせ励ましながら私達の意識を拡大し、私達の生きる能力と幸福になる能力を豊かにすること〉（以上、前掲書）につながるのです。

実は、「何のために」という思考自体がすでに功利主義的な認識に囚われています。それゆえ、その思考から逃れるためにもあえて「役に立たない」ような本に手を出してみるべきです。

少し脱線しましたが、大事なのは兎にも角にも、読んだ冊数を競う読書には無益を通り越して害があるということです。

では、読書をするにあたってはどうすればいいのか。それは2つです。

1つが、洗練された「名著」とだけいえば通ずるものを読んでみること。

そしてもう1つが、その本が役立つかどうかなど考えずにひたすら読んだ後に、立ち止まって考えることです。

title: 40

思考力を身につけるにはどうすればいいのか？

C・ライト・ミルズ著、伊奈正人、中村好孝訳『**社会学的想像力**』ちくま学芸文庫、2017年

「思考力のある人」というと、賢い人というイメージがあり、憧れる人は多いのではないでしょうか。今や、その思考力がある職業の筆頭格ともいわれているコンサル業に対して婚活女子が牙をチラつかせて待つような時代も来ているようです。彼らとの出会いのために、神谷町のスタバに張り込むように女性読者に指南する婚活本があるほどです。

しかし、この「思考力」というものが何かを説明できる人はどれほどいるのでしょうか。実は「思考」という言葉は非常に不明瞭です。それを考えることなく、思考ができる人になるためにどうすればいいのかを考えている人は少なくないはずです。

そこで、どうやって思考する力を身につけるのか、思考力のある人とはどういう人なの

かを知りたい方におすすめしたいのが、ライト・ミルズの『社会学的想像力』です。

彼が述べる「社会学的想像力」を理解すると、「思考」する力を具体化させることに気づくことが可能です。

思考を強化する社会学的想像力

まず、ミルズが述べる社会学的想像力とは何か。

これについて彼は〈歴史と個人史とを、さらには社会のなかでの両者の関わりを洞察することが可能になる〉ものだと述べます。彼は、多くの人が自らの思考の源泉を歴史や個人史だけに向けてしまいがちである現状に第三の道を投げかけました。特定の方向に自らを位置付けるだけではなく、両者の交わりを捉えるべきだと考えたわけです。

彼が両者の調和を重視するのには明確な理由があります。その理由とは〈ひとりひとりの個人に固有のものである多彩な生活圏において経験するものは、しばしば構造変動に起因する〉からです。だからこそ、〈多くの個人的な生活圏における変化を理解するためには、それらを超えて物をみる必要がある〉わけです。

自分の置かれている状況を的確に思考するには、「個人に固有の視点」と「大きな歴史の流れの中の視点」の双方を捉えることが求められるのです。というのも、1人の個人が経験することは、社会の構造変化という要因にすぎないからです。

なぜ社会学的想像力はこれまで過小評価されてきたのか？

ミルズによると、これまで社会学的想像力が軽視されてきた理由は突き詰めれば1つだといえます。

人々は普通、自分たちが抱え込んでいるトラブルを、歴史的変動や制度矛盾といった観点から捉えようとはしない。

つまり、実生活を超えた歴史の大きな流れに関心を持たないのです。あくまで、仕事や家族や友人など、自分にとって興味のある対象に留まってしまうのです。

彼らの視野や能力が及ぶのは、仕事や家族、近隣といったクローズアップされた場面に限られるのであって、他者の生活圏については、自分と重ねてみることはある

ものの、あくまで傍観者としての分を守る。

けれども、一見意味がなさそうに見える歴史の「構造」も、我々の私生活に関わりがあるというのがミルズの主張です。ミルズはこの「構造」を見つめ続ける重要性を的確な例で示しています。

ある社会が産業化されると、小作農は労働者となり、封建領主は破産するか、そうでなければビジネスマンになる。階級が上がるか下がるかによって、職を得るか失うかが決まる。投資率が上がるか下がるかによって、新たな意欲が湧くか一文無しになるかが決まる。戦争が始まると、保険外交員がミサイル発射に駆り出され、店員がレーダー操作をさせられる。妻は一人で暮らし、子供は父親なしで育つ。

ここで述べられていることを一言でいえばビジネスパーソンになりたいか否かということとは無関係に、社会の構造が変化したことで多くの人が「そうならざるをえなくなった」という例が挙げられています。

社会構造の変化が個人の歴史にどれほど影響を与えるかは、これ以上説明は不要でしょう。

社会学的想像力が求められる時代

現代社会は、テクノロジーの発展を筆頭に社会が大きく変わる時代だといわれています。進歩の速さに議論の余地はありますが、社会構造がこれから大きく変わることを否定する人はいないでしょう。そこで必要なのは〈一方で、世界でいま何が起こっているのかを、他方で、彼ら自身の中で何が起こりうるのかを、わかりやすく概観できるように情報を使いこなし、判断力を磨く手助けをしてくれるような思考力〉なのです。

ミルズが挙げる雇用についての別の例を紹介しましょう。

彼は、10万人の都市で失業者が1人出ているケースを想定したときと、人口5000万人の都市で1500万人の失業者がいる場合の課題解決アプローチを考えてみてほしいというのです。前者を解決するには、〈救済のためには当然、その人の性格、能力、すぐに可能な雇用募集などを見ればよい〉という結論が出るのではないでしょうか。

しかし、後者の場合は、個々人のそれぞれの性格や能力を見るのも大事ですが、それだけで解決策を見いだすことは困難でしょう。なぜなら、〈雇用の構造そのものが崩壊してしまっている〉といえるような状況だからです。

これからの時代が仮にテクノロジーによって大きな社会的構造変化を迎えるとするならば、前者の個人にスポットライトを当てた問題解決思考以上に、後者の社会的構造要因に目を向けた問題解決思考が重視されることは避けられないでしょう。

もちろん、個人史を有意義なものとするために人格形成や専門性の向上に勤しもうとする営み自体は否定されるべきではありません。

しかし、その人格形成に勤しむことが意味を持つのはあくまでその道徳的価値観が安定的である必要があるのです。現実においてはその道徳的価値観が明日にも崩壊し、不道徳となる可能性があるのです。そういう意味では、社会的な構造の流れに目を向けることこそが、自分史もまた的確に捉えられる1つの条件となるでしょう。

より多くの困難が待ち受けているといわれる日本社会の悲惨な状況を考えると、自分史だけに目を向けることは現実逃避を意味することになります。

「社会学的想像力」こそが、変化の激しい時代にあっては求められているというミルズの主張は一聴に値するのではないでしょうか。

title: 41

頭のいい人とはどういう人のことをいうのか？

エドワード・W.サイード著、大橋洋一訳『**知識人とは何か**』平凡社ライブラリー、1998年

「もはや会社にしがみついて終わる人生ではありません」
「自分の人生戦略を抜本的に見直しましょう」
「これから世の中は驚くべきスピードで変わっていきます」

昨今、各種メディアで「時代の転換」が頻繁にささやかれています。

それを背景としてか、今「教養」ブームが到来しています。

「教養」の名を冠する書籍がここ数年だけでも数十冊は刊行されており、「教養」は多くの人々が敏感に反応するワードであることが窺えます。池上彰さんや出口治明さん、藤原正彦さんなどの関連書籍は非常によく売れています。

「教養」という言葉が流行る理由は何でしょうか。

1つの要因としては「それを身に付ければ金が稼げる」と誰かが言ったから、という人もいるでしょう。また別の要因として、会社にいれば一生何とかなるという価値観の崩壊が大きいでしょう。もちろん、これまで存在していた常識の延長線上で生きる人が完全にいなくなることはありません。その生き方でうまくいく人も一定数はいるでしょう。しかし、徐々にとはいえ、テクノロジーが引き起こす変化で、現状の延長線上で生きるのが難しくなります。

さて、そんなこれまでの常識が通用しない時代で生き抜きたいと考え、その方法として教養を身につけたいという方におすすめの本が、エドワード・サイードの『知識人とは何か』です。「頭のいい人」とはいかなる人物かについて述べており、これまでの話にも関連する示唆に富んだ1冊です。

「頭のいい人」に対する根強い誤解

まず、サイードが述べる「頭のいい人」を参考にして、我々が「頭のいい人」に対して抱いている誤解から見ていきましょう。

サイードは「頭のいい人」を「知識人」と呼んでいるのですが、この「知識人」の定義が興味深いのです。少し長いですが、サイードは「知識人」を次のように述べます。

あくまでも社会の中で特殊な公的役割を担う個人であって、知識人は顔のない専門家に還元できない、つまり特定の職務をこなす有資格者階層に還元することはできない。（中略）わたしにとってなにより重要な事実は、知識人が、公衆に向けて（中略）メッセージなり、思想なり、姿勢なり、哲学なり、意見なりを表象＝代弁したり、肉付けしたり、明晰に言語化できる能力にめぐまれた個人であるということだ。

これは、たとえば「○○大学法学部卒業後、○○大学○○学科修士課程修了、外資系コンサルティングファームを経て現在は○○会社代表取締役」というプロフィールが即「知識人」とはならないことを意味するのです。

むしろ、サイードの主張に沿えば「知識人」からはほど遠い存在です。

「学歴や肩書きで勝負する時代は終わった」と主張する人たちのプロフィールが、学歴や職歴ばかりだったのを見て拍子抜けしたことが何回もあります。「こういうプロフィールを書いているおじさんを信用してはいけないよ」という反面教師だったのかもしれません。その真意はわかりかねますが、言っていることとやっていることが逆だと思ってしまいました。

この話から、現代社会は、「特定の職域や学歴を過剰に評価すべきではない」といいながら、その考えから離れきれていないのが現状なのかもしれません。その言葉を発している人ほど、これまでの枠で物事を考えています。

専門家も高学歴者も会社経営者も平気で嘘をつく時代

なぜこの偏見から逃れられないのでしょうか。おそらく、次のような理由が背景にあるのでしょう。

- ●なんだかんだで高学歴の人は正しいことをいう。
- ●○○会社出身の人なんだから頭いいでしょう。
- ●大学教授なんだからそんなに間違えることはないでしょう。

しかし、2018年に何が起きたかを思い出してください。東大を出たエリート中のエリートといわれる役人が公文書を改ざんしたり、統計を改ざんしたりしているではありませんか。

国会でも何度も平然と嘘をつき、誰も責任をとりません。挙げ句の果てに、「誤解を招いたのであれば……」と相手の認知能力のせいにして終わりです。

民間企業でも何件あったでしょうか。データの改ざんに決算の改ざんなど、名だたる大企業が行っておりました。大手の電機メーカー、銀行、鉄鋼メーカー、不動産会社など、思い出すだけでもかなり挙げられます。

大学教授や評論家にも目も当てられない人が多数います。特に立法過程にアドバイザーとして入っておきながら、通った法案によって自分が取締役をしている会社が利益を得ている人なんかはいい例でしょう。

本当にこういった人物たちが「頭のいい人」といえるでしょうか？　私にはどうもそうは思えません。

ところで、なぜ「優秀」とされる人たちは、このようなデタラメなことがいえるのでしょうか。

サイードの答えは「専門家」であるがゆえにできてしまうというものです。具体的には、〈いいかえると、本来の意味でいう知識人は、政府や大企業に仕える場合、モラルの感覚をひとまず脇に置くようにという誘惑の声、またもっぱら専門分野の枠の中だけで考えるようにし、とにかく意見統一を優先させ、懐疑を棚上げにせよという誘惑の声〉に屈せざるをえないのです。

なぜなら、その所属する職域は必ず何かの利益を代表せざるをえないからです。

サイードが述べる「頭のいい人」になる方法

このことを踏まえると、サイードは誰を「知識人」と考えていたのかが明確になります。彼は完全に独立した状態でないにせよ、なるべく独立した立場からものをいえる人を「知識人」と呼んでいます。

では、具体的には誰を指すのでしょうか。サイードは「アマチュア」を「知識人」の条件として挙げます。〈知識人が相対的な独立を維持するには、専門家ではなくアマチュアの姿勢に徹することが、何より有効〉だと述べるのです。それゆえ、知識人であることは、〈社会の中で特殊な公的役割を担う個人〉を意味し、断じて特定の専門家となることであってはならないということです。

さて、「アマチュア」というと、「未熟」「素人」という言い換えをする人がよくいます。おそらく、良い意味でこの言葉を認識されていない方も多いでしょう。しかし、サイードは、「アマチュア」の価値を否定的な意味では使っていません。積極的に評価しています。

もちろん、「アマチュア」はただ単に好き放題をいう人を指すわけではありません。サイードの語る「アマチュア」になるには、大いなる努力が求められます。

サイードは偉大なアマチュアを〈懐疑的な意識に根ざし、絶えず合理的な探求と道徳的判断へと向かう活動〉ができる人と定義します。そうなるためには先に引用した〈公衆に向けて（中略）メッセージなり、思想なり、姿勢なり、哲学なり、意見なりを表象＝代弁したり、肉付けしたり、明晰に言語化できる能力にめぐまれた個人である〉ことが必要です。

まとめると、サイードは、「頭のいい人」として「知識人」という言葉を使いました。「知識人」とは、特定分野に精通している人でも、学歴や職歴などで評価される人でもありません。逆に、特定の利益に資する専門家は「知識人」から遠ざかると考えていたのです。

一方で、彼が「知識人」として挙げたのはアマチュアです。サイードは、専門家ではない誰もがその能力次第で「知識人」になることができると述べたのです。

ただし、そのためには多大な努力が求められます。特に自ら批判的になりながら、特定の権力に所属することから距離を置き、論理と感情の両面から考えを検討しなければなりません。そして、考えるだけではダメです。それを多くの人にわかりやすく伝える言語化能力が必要です。この高いハードルを超えた数少ないアマチュアを「知識人」と呼ぶのです。具体例を挙げるならば、大学の専攻は理系だけれど、趣味でしていた歴史研究について書いた本で、斬新な歴史観を打ち出すような人が、サイードの定義するアマチュアに該当すると個人的には考えています。

なお、いうのは簡単ですが、サイードのいう「知識人」になるには果てしない努力を必要とします。この立場を目指す人は多くの壁にぶつかるでしょう。

たとえば、自分ではわかっていても、それを言語化してより多くの人に理解してもらうというのは簡単ではありません。

しかし、もしあなたがそういう困難も含めて楽しみながら自らを鍛錬できる人であれば、今のところ「知識人」に最も近い人だといえます。

title: 42 哲学にはどういう意味があるのか？

バートランド・ラッセル著、高村夏輝訳『**哲学入門**』ちくま学芸文庫、2005年

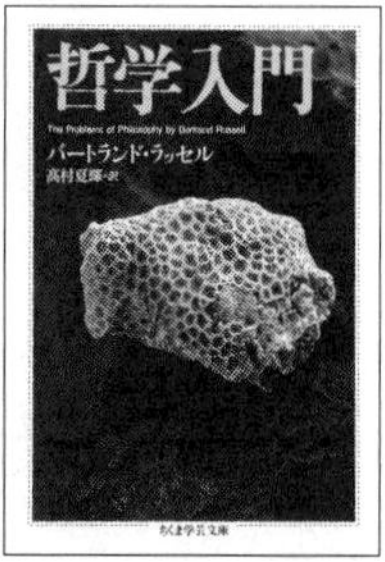

「哲学」と聞いてどういうイメージを持ちますか。

- ●暇人の道楽？
- ●金にならない非生産的なもの？
- ●インテリを気取るためのおもちゃ？

確かに昔は、哲学が労働しなくてもいい人々の道楽だったことは否定できません。現に、古代ギリシアの哲学者は、その活動を通して社会に1円の利益ももたらしませんでした。

おそらくその哲学の印象は今日でも変わらないでしょう。哲学そのものに財を生み出す力はありません。しかし、だからといって、「哲学などしても意味がない」と結論づけるのは早計ではありませんか。

したがって、「哲学」に対するネガティブな意見について考え直すきっかけとして、バートランド・ラッセルの『哲学入門』を紹介しましょう。

彼は20世紀を代表する哲学者であると同時に数学者であり、政治活動家でもありました。1950年にノーベル文学賞も受賞しており、非常に多才な人です。

そのように多才な人物がなぜ哲学を評価しているのかを見ていきます。

哲学に対する誤解❶　単一解答を求めるためにする？

哲学の価値を知る上で、哲学への誤解を解く必要があるというのがラッセルの立場です。

よくある誤解とは何か。それは、哲学に成果を求めることです。ラッセルは哲学が他の学問とは異なり「成果」を生み出す力はないと述べます。

学問の研究者に「あなたの研究している学問が今までにつきとめてきた真理にはど

のようなものがあるか」と聞けば、こちらが聞く気を失うまでに答えは続くだろう。しかし同じ質問を哲学者にすれば、もしその人が正直なら「私のしている学問は、科学が達成してきたような積極的な結果を何も成し遂げられなかった」と告白するだろう。

確かに、ソクラテスであれニーチェであれ、哲学者はなにかすごい発明をしたわけではありません。その点では、アインシュタインやエジソンなどとは比べものにならないでしょう。

しかし、哲学に「成果」を求める発想をやめると見方は変わります。彼によれば哲学とは本質的に次のようなものです。

「どんなものが存在するか」に関しては確信の度合いを減らしてしまうが、「どんなものが存在しうるか」に関する知識を著しく増大させる。

つまり、哲学は「他にどのようなものがありうるのか」という新たな道を考える機会を与えてくれるのです。たとえば、「金持ちになることが幸せだ」という意見がある場合、それを確信させてくれることを期待する人には、哲学は役に立ちません。例を挙げるなら、「1億円を稼ぐ男は何をしているのか?」みたいなタイトルの本を好む人には、哲学が役に立たないのと同じです。

一方で、幸せになる他の道が知りたいという方には、哲学することに意味があります。

哲学への誤解❷　あらゆるものを疑う営みである?

ただし、このことから、哲学が何か特権的な地位を占めた学問であるという見方をしてほしくありません。なぜなら、科学にせよ哲学にせよ〈拒否する理由がなにもなくなったときにはじめて原理を受け入れる〉という点を共有しているからです。

哲学とは、〈完全に懐疑的な態度をとり、一切の知識から手を引いた状態〉にいることだと誤解しがちです。なぜなら、あらゆるものを疑う手法は〈けっして論駁《ろんばく》できない〉強みを持っており「最強」に見えるからです。「Aとは必ずしもいえないよね?」と事あるごとにいってくるうざい奴がクラスに1人はいたでしょう。あれはまさにこれに該当していて、あらゆるものに疑いを投げかけることで、自分の強さを誇示していたわけです。

しかし、このようなものは「哲学」とは言い難いものだとラッセルは考えていました。なぜなら、そのような〈何もかもを疑っている状態からは議論をはじめることすら不可能〉だからです。〈いかなる主張であれ、それを論駁するためには相手と知識を共有することからはじめなければならない〉のであり、その前提すらも意味のないものだとする立場は哲学とは到底呼べないのです。

哲学における「批判」はもう少し前向きなものだとラッセルはいいます。〈立ち止まって、知識のように見えるものをひとつひとつ取り出しては注意深く検討し、自分は本当にそれを知っているると確信しているかどうかを自らに問いかけていく〉作業が大事なのです。あくまで〈哲学的批判は、そうした知識まで信じることを控えるよう求めたりしない〉のです。

リンゴについて議論するときに「リンゴがあの赤い物体だとなぜいえるんだ」という問いは哲学とはいわないのです。

哲学をする意味

ここまでの誤解を解く作業から、哲学の価値がある程度明確になるのではないでしょうか。

哲学をする意味とは、〈問いに対して明確な解答を得る〉ということを期待してはじめるのではなく、〈問いそのものを目的として〉はじめるところにあるのです。

そして、〈知識に見えるものの実態をひとつひとつ考察し、それを終えたときにもやはり知識だと思えるもの〉（引用者注：「知識」と呼ばれるものを批判的にじっくり考えて、自分の中で考え終えたときにも、なお知識として受け入れられるもの）を確認することが重要なのです。

いずれの場合でもある1つのメッセージが読み取れます。それは、彼の「哲学」の定義には〈人は間違いを犯す動物〉だという前提があることです。それゆえに〈誤謬《ごびゅう》の可能性がいくらか残ることは認めざるをえない〉という謙虚な姿勢が必要なのです。

こう考えると哲学が役に立つ時代もわかります。

これまで明確に正しいとされてきた知識が、時代の変化とともに違和感を持つものへと変化したときです。

現代社会はまさにその時代ではないでしょうか。少なくとも経済が豊かになることが「正しい」とされ、それに向けて邁進することが正解とされた時代から日本は卒業しました。

もちろん、このまま経済を豊かにするべきだと考えるのも1つの意見です。しかし、一方でその道へ行くことが正しいのかと「批判的に」見ることも否定できません。

こういう時代では、人間の生き方は2種類に分かれます。

それは、今の時点で答えが出ていると考えて満足する生き方か、現状よりさらに良い道があると考えて哲学を重ねる生き方かです。私はいずれの立場にせよ、現状に満足する豚より、不満足なソクラテスを選ぶことを時代が要求していると考えています。

第7章 いつも憂鬱の種は尽きまじ

＊悩みについて

title: 43

孤独を感じる場合、どうすればいいのか？

トクヴィル著、松本礼二訳『**アメリカのデモクラシー　第二巻　上**』岩波文庫、2008年

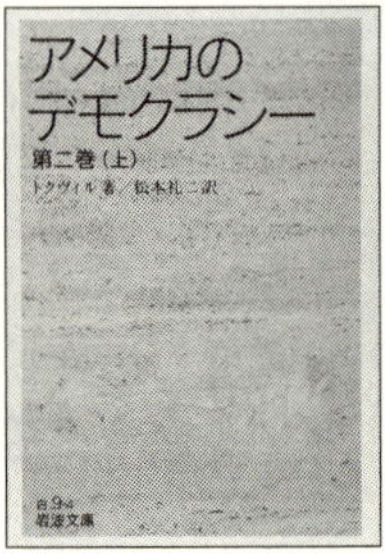

「孤独を感じる」という人が増えているようです。特に日本では、内閣府の平成25年に行われた調査からも、その傾向を窺うことができます。悩みや心配事のうち「ひとりぼっちで寂しいと感じたこと」の指数が韓国と並んで高いのです。

また、この孤独感の有無が人生の幸福度にも関連するという結果もあります。ある調査では「幸せだと感じていますか？（自分自身の孤独感を加味してお答えください）」という質問に、孤独な人の61・2％が幸福ではないと回答した一方で、孤独ではない人は92・8％が幸福だと回答したそうです。

この調査が意味するのは、諸外国に比べて日本人の高い孤独感は、その人の幸福度にも

影響を与える大きな問題であり、差し迫った社会課題だということです。「孤独死」「引きこもり」「おひとりさま」のようなワードが広まる流れに歯止めはかけられるのでしょうか。

この「孤独」問題についてヒントをくれるのが、アレクシ・ド・トクヴィルの『アメリカのデモクラシー』です。タイトルからは、孤独とはまったく関係なさそうに見えますが、この本は民主主義社会一般について論じつつも、個人の「孤独感」を大きくとり上げています。

孤独を感じやすくなった背景

まず、孤独を感じやすくなった背景から見ていきましょう。

トクヴィルは大きく分けて2つの側面から市民の孤独感が強まったと考えています。

1つ目は、個人の「自由」が拡張したことです。具体的には、利己主義という自分の利益を優先させる考え方が社会で許容される潮流がありました。これが進行すると何事も自分本位に考え、何を置いても自分のことを優先させるようになります。結果として、〈市民を同胞全体から孤立させ、家族と友人とともに片隅に閉じこもる気にさせる〉という帰結をもたらします。

2つ目は、個人間に「平等」意識が広まったことです。もちろん、「みんなが同じである」という「機会の平等」がもたらした肯定的な面はありました。しかし、そういう考え方が市民に広まると問題が生じるようになりました。その問題の1つが、人々を互いに孤立させることです。

平等は世界にとても良いことをもたらすが、後に示すように、人々に極めて危険な本能を吹き込むことは認識しなければならない。それは人間を互いに孤立させ、誰もが自分のことしか考えないようにさせる。

では、なぜ「みんなが同じ」という考え方は個人を孤立化させるのでしょうか。その理由は自らの判断を自分の外に置く必要性が減退するからだと彼は考えています。

境遇の平等が人々に超自然的なものへの本能的な不信感を抱かせ、人間理性をきわめて高く、しばしば誇大に評価させることを示した。だから、この平等の時代に生きる人々にとって、自らが服すべき精神的権威を人間性の外やその上におくことは難しくなっている。

つまり、平等意識の拡張によって、人間を超えたものを信じなくなり、人間自身に重きが置かれるようになりました。そのため、平等の時代では、自分の他に人間性以外の精神的支柱となるものを見つけることが難しくなったのです。トックビルの文脈では、宗教が人々に対して権威を持ち得なくなったということが念頭に置かれています。

孤独が危険な理由

市民にとって歴史的勝利である「自由」と「平等」の獲得が、皮肉にも市民の分断を招いたというのがここまでのまとめとなります。そして、その分断は各々に孤独を感じさせるようになったのです。

さて、孤独の何が危ないかを見ていきましょう。

トクヴィルは孤立した市民の問題点として、あらゆることに無関心になることを挙げました。それは「死後の世界」に対する無関心をも含みます。そうなるとこの無関心の態度は無害に終わるのではなく、人々の行動が短絡的で即物的になると述べます。

死後の運命への無関心に一度慣れてしまうと、人間は容易に獣と変わらぬ未来に対する完全な無関心に陥るが、この無関心がまた人類のある種の本能にピタリと適合的なのである。遠い将来に大きな希望を抱く習慣を失うと、人はやがて当然のように矮小極まりない欲求を瞬時に実現したくなり、永遠を生きることに絶望したその瞬間から、1日しか生きられないと決まっているかのように行動に傾く。

ここで述べられている市民を孤独にさせるような社会では、個々人が長期的な努力をして大事業を行う意思を希薄化させてしまうとトクヴィルはいいます。その結果として、後世には何も残らないというような社会的危機が到来するのです。

長期の努力なしに達成しえないものの獲得を全くあきらめて、偉大で安定し持続するものは何一つ築けなくなることをいつも憂慮しなければならない。

これについては「今がよけりゃ別によくね?」という考えもあるでしょう。「今を生きろ」

というのがポジティブワードなこの時代では私の書いていることは「ジジくさい」かもしれません。

この辺りは愛国心やナショナリズムという概念の有無が問題となります。

たとえば、トクヴィルはというと、自分が恩恵を受けた以上のことを次の世代にしようとするのは、国に生きる者として当然の務めであると考えています。このような考えを「ジジくさい」と感じる人は、おそらくトクヴィルの考えは永遠に受け入れられないかもしれません。

ただ、1ついえることは、納得できない人は「自由」や「平等」といった近代デモクラシーの理念に良くも悪くもどっぷり浸かっている人だということです。

孤独感を解消する方法

孤独の増減が個人の幸福度だけではなく、国家の将来にも関わることが示されました。では、トクヴィルはどうやって孤独を解消すべきだと考えていたのでしょうか。

トクヴィルは孤独を解消するにあたり「結社」というキーワードを挙げます。

民主的な国民にあって、境遇の平等によって消え去った有力な個人に代わるべきは結社である。

個々人が「結社」をつくる努力をすべきだというのが彼の主張です。つまり、これこそが民主主義が生み出す「孤独」の害悪を水際で止める道だというのです。「結社」というと何やら重苦しいですが、「バラバラの個人を長期的につなぐ何らかの団体」という意味です。この「結社」こそが今の時代で重要になり、これがなければ文明自体に危機が及びます。

だが日常生活の中で結社を作る習慣を獲得しないとすれば、文明それ自体が危機に瀕する。私人が単独で大事をなす力を失って、共同でこれを行う能力を身につけないような人民は、やがて野蛮に戻るであろう。

結社により人々が共同して行動することは、個々人の孤独感を低減し幸福感を増幅させます。結社の重要性を理解することで、トクヴィルの〈来世のことを考えることで現世で成功する〉という思想の核心を理解できるのではないでしょうか。

> このことはなぜ宗教的な国民がしばしば恒久的な事業を成し遂げたかその理由を説明する。彼らは来世のことしか考えないでいるうちに、現世で成功する偉大な秘訣を見つけたのである。

些細なものでもいいので、「個人が社会に対して無関心にならず、結社という形で社会に関わってくれ」というのが彼のメッセージです。国民としての責務であるとさえ彼は考えていました。

ここまで来れば、孤独を感じたときにどうすればいいのかは見えてくるのではないでしょうか。

なんでもいいので団体をつくろうとしてみることが重要だと私は考えます。ただし、重要なことは、別に金儲けができる団体をつくる行為（起業）にこだわる必要はないということです。

これは、私自身体感することでもあるのですが、読書会というものを運営していることについて周囲に話をすれば、しばしば「それは儲かっているのか？」と聞かれてしまいます。しかし、ここは繰り返し強調しておきたいところですが、団体をつくるにあたり金儲けができるかどうかは問題になりません。今はもしかすると、この「金儲けできるのか」が「結社」を妨げる一番大きな障害かもしれません。

ザッカーバーグがフェイスブックをつくったときも、当初は採算性というよりは同窓会サイトをつくることを当初は念頭に置いていたと聞きます。

そういう意味でまずはあなたが何かしらの理念を掲げ、それに向けて共に行動する仲間を募るのが重要なのです。もちろん、批判的な態度をとる人も出てくるでしょう。しかし、あなたの行動を待ち望んでいる人は必ずいることを信じて取り組んでみてはどうでしょうか。

title: 44 なぜＳＮＳでは孤独感を埋められないのか？

ジグムント・バウマン著、奥井智之訳『コミュニティ』ちくま学芸文庫、２０１７年

あなたはＳＮＳを使っていますか？

現代社会でこの質問に「ノー」と答える人はかなり少ないと思います。

特に若い人であれば、ほぼすべての人がＳＮＳに毎日触れて生活しているのではないでしょうか。実際に総務省の統計でも同じような傾向が示されています。

> 年代別にみると、10代20代は２０１２年時点からＳＮＳの利用率が比較的高い傾向にあったが、20代は２０１６年には97・7％がいずれかのサービスを利用しており、この世代ではスマートフォンやＳＮＳが各個人と一体ともいえる媒体となって

いる。40代50代は2012年時点の利用率はそれぞれ、37・1%、20・6%であったが、2014年から2015年にかけ利用率が上昇し、2016年にはそれぞれ利用率が80%程度、60%程度となっている。

——総務省「平成29年版　情報通信白書」

20代では97・7パーセントがLINE、フェイスブック、ツイッター、ミクシイ、モバゲー、グリーのいずれかを使っているようです。「ほぼ全員」といってもいいでしょう。この調査結果から、今はSNS全盛時代といっても過言ではありません。

さて、このSNSが使われる理由は何でしょうか。

もちろんその理由は多岐にわたるでしょう。SNSで誰かとつながり、孤独を埋めることを目的としている人は多いかもしれません。しかし、実際、SNSが孤独を埋めるのに十分な働きをしているようには思えません。なぜなら、例外があるとはいえSNS自体には「暫定的」なコミュニケーションプラットフォームとしての機能しかなく、安定的で持続的な関係性を育む基盤を提供する機能は持ち合わせていないからです。

我々がSNSに本当に期待していることと現実にはギャップがあるというのが私の考

えです。

ＳＮＳへの期待はなぜ裏切られるのか、それを考えるにあたり参照したい本がジグムント・バウマンの『コミュニティ』です。孤独を埋めてくれるコミュニティの重要性はもちろん、コミュニティの形成を阻害しているものは何かについても教えてくれます。

ＳＮＳではなぜ孤独を埋められないのか

「ＳＮＳが孤独を埋めてくれる」という期待がなぜ裏切られるのか。

バウマンのテキストに基づいて端的にいえば、我々自身がコミュニティを否定する思想を持っているからです。つまり、ＳＮＳはコミュニティを構築するのに利用できますが、当の我々がコミュニティを形成することに反する思想を抱いているからです。

その思想とはグローバル化と共に誕生した脱領域的な部分に価値を見いだすものです。脱領域的な部分とは、十分な規定、組織、規制がないために〈何が起ころうとしているのかが確実にわかる」という安心感〉が期待できない世界です。

これはポジティブに見れば「誰も私を縛ることなどできない」という願いを実質化したにすぎないわけですが、裏を返せば極めて不確実性の高い世界に自ら積極的に足を踏み入れることを意味します。このようなコミュニティを否定する思想が社会に我々の中に蔓延しているがゆえに、SNSはコミュニティをもたらさないのです。

昨今流行するツイッターやフェイスブックなどのSNSは、非常に多くの人とつながる機会をもたらしました。インターネットさえあれば、いつでもすぐに誰とでも連絡できるようになったのは革命的です。

この潮流から、コミュニティが次々と形成され、多くの人の孤独が解消されるはずですが、SNSには、孤独を埋める効果は、実際ありません。

この現状に対し、SNSは「役に立たないものだ」と批判する論調がよく見受けられます。しかし、バウマンの考えから、SNSが問題なのではなく、使う我々自身に問題があることが明確になります。

バウマンの問題提起は、人々が孤独を感じるような世の中になったのはコミュニティの崩壊が原因だということです。

今の話を少し別の角度から見てみましょう。

彼はこのコミュニティ崩壊の背景に「能力主義」の理念が通底していることを挙げます。

要するに、我々が「能力主義」の思想に支配されていくにつれてコミュニティを否定する行動をとるようになったということです。

能力主義的世界観が支持され、公徳の規準になるにつれてコミュニティ的な分かち合いの原理は受け入れられなくなる。困っている人々に手を差し伸べる気にもならないほど彼らが貪欲であることが、その受け入れが難しい唯一の理由ではないし、おそらくは主要な理由でさえない。たんに自己犠牲を嫌うという以上に重要なことが、ここには含まれている。かれらがご執心の社会的な区分を作り出す原理そのものが危うくなるということがそれである。

ここで書かれていることは能力主義的な理念が〈社会的な区分を作り出す〉ということを原理としているため、相互の分かち合いを原理とするコミュニティとは水と油の関係にあることを述べています。

「グローバル・エリート」の定義からコミュニティ軽視の理由は見える

今の話を裏付ける例として、「グローバル・エリート」という言葉について考えてみるといいかもしれません。

この言葉は、昨今「社会的成功者」の代名詞として使われています。たとえば、あなたはこの言葉からどのような人物を想像するでしょうか。おそらく、激しい能力主義の世界で勝利し、多くの財をなす孤高の人物をイメージするのではないでしょうか。

バウマンはこのような「成功者」という言葉に対するイメージが支配的になる世界を危険視します。

なぜならば、このような能力主義の理念を前提として邁進してきた人物を「成功者」としてしまえば、多様な人との共存を促すコミュニティの重要性は評価されないからです。

> グローバル・エリートの辞書に「コミュニティ」という言葉はない。もしくは、この言葉が語られるとしても、非難か酷評の場合に限られる。

もちろん、バウマンも彼らが「グローバル・エリート」ということを自認し、脱領域的な考えをしていようとも〈時にはどこかに属したいという欲求を持つ〉ことがあることは認めています。

しかし、その場合であっても「グローバル・エリート」にとってのコミュニティは〈その他の弱く恵まれない人々の「コミュニティ」〉と交わるようなものではありません。あくまで、彼らにとってのコミュニティは同質性を前提としており、能力主義的理念を根底に秘めた人ばかりの集合なのです。

これをバウマンはわかりやすくまとめています。

グローバル・エリートの生活世界 Lebenswelt の「コミュニティ」と、その他の弱く恵まれない人々の「コミュニティ」とが、ほとんど共通項を持たないのは当然である。二つの言語、つまりはグローバル・エリートの言語と置き去りにされた人々の言語で各々「コミュニティ」といった場合、その概念は、明確に異なる生活経験を集約するとともに、全く対照的な熱望を表現しているのである。

この話は現状「社会的成功者」ではなく、これから「社会的成功者」を目指す人にも当てはまります。

これに該当する人は、無意識だとは思いますが、孤独になることが「成功者」になる条件だと考えていることが多々あります。たとえば、ビジネス書のコーナーに行けばそれが顕著ですが、「成功哲学」のほとんどが孤独になることを奨励しています。そうすることで「才能は磨かれるのだ」といわんばかりにです。

一方で、多様な社会的ステータスの人が共存するようなコミュニティを「ぬるま湯」であり、「しがらみ」であるとし、敵視することが少なくありません。

孤独を埋め合わせるコミュニティに必要な条件

昨今は、ここまで書いたような「能力主義」に懐疑的な言説をすると「社会主義者」「共産主義者」などという批判が出ます。現に私はそういう批判を受けたことがあります。しかし、この極端な二項対立こそがコミュニティの破壊を助長していると考えています。

バウマンの主張は、個人の能力や個性が最大限発揮できる自由は保証されるべきだが、その思想の際限のない拡張は社会を崩壊させるというところに要点があります。

バウマンいわく、人間は「自由」と「安心」の2つを必要とします。

近代的個人主義は、人々の解放の動員であり、自立性を高め、権利の担い手を作り

出すが、同時に不安の増大の要因でもあって、誰もが未来に責任を持ち、人生に意味を与えなければならなくなる。人生の意味は、もはや外側の何かがあらかじめ与えてくれはしないのである。（中略）個人化の過程の中で交換されるものは、安心と自由である。すなわち自由は、安心と引き換えに売りに出されている。

さらに、「能力主義」思想に傾倒した人間の恐ろしさについて彼は次のようにいいます。

この新興の有力者たちは、機略に富み、自信を膨らませていたが、かれらにとって、自由は、考えられる限りの安心の補償になると思われた。行動を制約する絆が多少でも残っていれば、それを断ち切り振り切ることが、自由と安心の両方の最も確実な製造法であることは、論を待たなかった。

「自由」と「安心」は交換不可能ですが、「能力主義」的な人は、自由を拡大し続けることで安心につながるというすり替えを行います。

確かに、ごく少数の人にはそのようなことができます。しかし、少数の人の自由を拡大すると抑圧される人が多数出ることを考えると、バウマンの主張に納得がいきます。

現代社会で再度コミュニティ形成に意欲を持つのであれば、「自由」と「安心」双方に気を配ることが最低条件となります。

特に「自由」に傾いている現代社会では、「安心」を如何に保証するのかが重要になります。現状、SNSというツールに孤独感を埋める力がないのはまさにこの「安心」を保証するものになれていない可能性が高いのです。

人々の孤独感を埋める「コミュニティ」には自由と安心の二軸の共存が必要なのです。

title: 45 本当の友人とは、どういう人のことをいうのか？

キケロー著、中務哲郎訳『友情について』岩波文庫、2004年

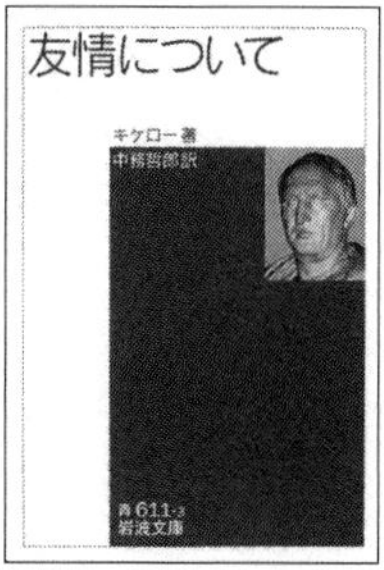

「良き友人が欲しい」
「心の底から信頼できる友達が欲しい」
このような願望を日常的に思い描くようになるのは何歳からなのでしょうか。実際に友人ができたかどうかはともかくとして、物心ついた頃にはすでにこのような思いを抱いていたのかもしれません。それほどまで、「良き友人の存在は人生を豊かなものにしてくれる」という確信が我々の中にはあるのでしょう。
一方で、親しき友人がいない日常を過ごすことを想像してみてください。それほど、光り輝く毎日をイメージすることはできないでしょう。

ところで、なぜ我々は友人を欲してしまうのでしょうか。そして、そもそもどのような友人が我々にとって良き友人といえるのでしょうか。

「友人」をテーマにしたおすすめの1冊が、キケローの『友情について』です。キケローは本書で紹介する人物の中でもかなり昔の人で、紀元前１０６年～紀元前43年に政治家として活躍した人物です。彼が書いたこの書物はおそらく歴史上最も古い友情論といっても過言ではありません。紀元前の大昔でも、現代同様友達について思い悩んでいる人がいたというだけでも感慨深くなります。

友情の普遍性

そもそも友情とは何なのかということから彼の考察ははじまります。彼は〈人間に関わるものの中でも、万人が口を揃えてその有用性を認める唯一のもの〉と定義づけました。

確かに、〈国政に身を投じた人も、知識と学問を楽しむ人も、公を離れて自分の仕事を行う人も、最後にすっかり快楽に身を委ねてしまった人〉であっても、その友情の価値を否定する人はいません。このキケローの説明は納得のいくものではないでしょうか。普段は、喧嘩に明け暮れるヤンキーも友情には厚いものです。

もしかすると、「孤独のほうが生産的だ」「俺は友達なんぞいらない」「群れるのはごめんだね」という方もいるかもしれません。昨今は、そういった中2病的生き方を積極的に評価するような書籍も本屋にはたくさん並んでいます。しかし、そういう人たちでさえも、詳細を聞いていけば、くだらない友情や薄っぺらい人間関係をいらないと考えているだけで、友情自体を否定しているわけではないことがほとんどです。

キケローの友情の定義は、2000年以上経っても色褪《あ》せず、普遍性の高い定義といえるのかもしれません。そういう定義は長い歴史上なかなかありません。

ただ、これだけだと消化不良になる方がいるでしょう。「友情とは何か」や「友達とは何か」について、ダイレクトに答えていないというもどかしさを覚えているかもしれません。キケローは「有用性」という言葉を、「友情」を定義するにあたって使っています。キケローが語る、この友情の「有用性」とは何なのでしょうか。

友情が現代社会で不明瞭な理由

「有用性」という言葉は、あまり人に使うイメージはなく、どちらかというと物に対して使うことが多いのではないでしょうか。実際、日常的にこの言葉を使う場合、「使用価値」

という言葉と同様の意味で使うことが多いはずです。人に「使用価値」という言葉を使うと不適切な感じがしますので「有用性」といわれても納得できないわけです。

ただ、キケローは、友情という概念の説明に〈万人が口を揃えて有用性を認めるもの〉とあえて書いています。そのため、「有用性」の訳語が正しいという前提で、別の切り口から意味を考えてみるのも悪くありません。

この言葉の後を読むと、キケローは〈いやしくも自由人らしく生きることを望むなら、友情がなければ人生は無だ〉と述べています。これが意味するのは、友情という単語に「有用性がある」という言葉を当てるときには、その言葉の意味は「（人生を）有意味なものにしてくれる」と解釈するのが適切なのです。これはもちろん自分にとって経済的な利益をもたらすという意味ではないことは明らかです。

ところで、今なぜこのような説明をしているかというと、我々が「有用性」や「役に立つ」という言葉を使うときに無意識に前提としている概念を明確にするためです。その無意識に前提としている概念とは、「意味」と「目的」の同一視です。つまり、「目的」がないものには「意味」が宿らないと考える思考癖です。

日常的に仕事をしている人は、会社で「目的のない行動」をすると怒られるのではないでしょうか。新入社員であれば目的意識を持てとたびたびいわれます。もちろんそれ自体は悪くありません。

しかし、その刷り込みが極限にまで達するとビジネスパーソンとしては前進しても別のところで弊害が出ます。つまり、目的の存在しない行動に意味がないと考えたり、目的を持てない人と関わっても意味がないと考えたりするようになるのです。

真の友情はいかにして完成されうるか

最後に、真の友情とは何かについてまとめます。

端的にいうと、友情とは経済的な損得により規定された関係性ではないのです。「有用な」友情は〈好意と親愛の情に裏うちされた意見の一致に他ならない〉とキケローはいいます。

この定義で考えると、SNSに登録している人すべてが当てはまりません。

人間界には自然に形成される結びつきが無数にあるが、友情の結びつきは極めて狭いところに収斂《しゅうれん》し帰着するので、友愛の情は必ず二人または数人の間でしか結ばれない。

幼少期からも含めて長い間親しくしている人がもしいるのであれば、それは自分にとって損得の意味で「役に立つ」人間ではないからこそ「有用」なのだと思われます。

考えてみてほしいのが、親しい友人と会話していて「話の目的を早くいえよな」とか「何の目的で会おうとしているんだこいつは」なんて思ったことはないでしょう。

逆に、「この人は役に立つ」と思える人を友人と呼べるかというと、非常に難しいのではないでしょうか。私的に利益があるという意味で「役に立つ」関係性の人は、その利益があるうちはむしろ強い関係性を築けています。しかし、役に立たなくなった瞬間の脆さたるや凄まじいものがあります。

結局、キケローのいうとおり我々全員が必要とする友情というのは、「役に立たない人間」でないといけないのです。「役に立つ」人間を探し求めてビジネススクールや異業種交流会で無理に友達をつくろうとしても無意味なのは、私的利益を期待し、「有用性」を計って行動するからです。そういう人に限って「薄っぺらい人間関係に意味はない」といっていることもあり、何かのコントかと思いたくなります。「役に立たないなあ」と思うけど、一緒にいたい人を探してみましょう。その人こそが真の友人です。

title: 46

やりたいことが見つからない場合、どうすればいいのか？

イマヌエル・カント著、中山元訳『**純粋理性批判 5**』『**純粋理性批判 7**』光文社古典新訳文庫、2011年

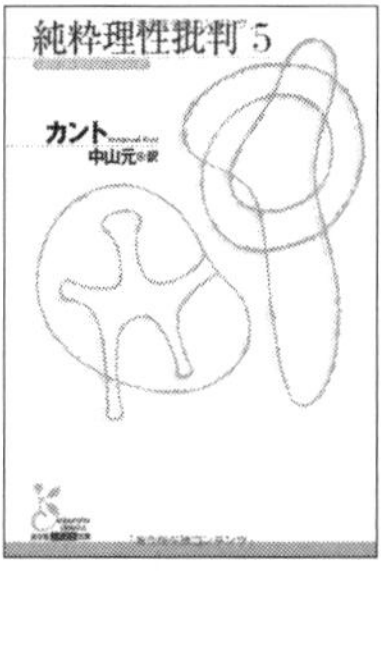

「あなたは将来何をしたいですか？」
「君はこれから何をやりたいの？」
「あなたには夢がありますか？」

このような質問をされる機会がよくあります。明日食べるものさえ貧しているような時代とは違い、今の日本は公的制度も比較的充実していて、理論上は最低限度の生活を誰でも送れるような社会です。多くの人が、未来に思いをはせる余裕があります。

ただ、人間は貪欲で、食欲だけを満たされても不満を持つ人は多いのです。基礎的な欲求が満たされると別の欲求が生まれてきます。その1つが「自己実現」欲求です。いわゆ

る「やりたいこと」を叶えようとする心の動きです。

実際、テレビを見ていても「やりたいことをやれ」「やりたいことを仕事にしなさい」と発言し、その発言を自ら体現している人が人気です。

本の世界でも同じです。具体的な書名は控えますが、ベストセラーとなったビジネス書の多くが、「やりたいことをどうやって叶えるのか」をテーマにしています。

社会が「やりたいこと」を見つけるように追い込んでくる時代で、もし「やりたいことがない」人がいる場合、その人の境遇は悲劇的であるといえるかもしれません。

場当たり的にできることは、「出世したい」「起業をしたい」など本意でないことをいうか、「成長したい」という漠然とした事柄を目標に据えるのが関の山です。

こういう世相を踏まえ、「やりたいこと」が見つからず迷走している方に、イマヌエル・カントの『純粋理性批判』をおすすめします。

書名からは、「やりたいこと」の発見とはまったく関係なさそうに見えると思います。この本は残念ながら、「起業しなさい」や「朝早く起きなさい」というテクニカルな話を展開するものではありません。

その代わり、この本は「どう考えるとやりたいことが見つかるのか」という思考の幅を広げるヒントをくれます。

「やりたいこと」が見つからない理由

カントの思想に添って、「やりたいこと」が見つからない理由を考えていきます。端的にいいますと、理性を一面的にしか使えていないことが1つの答えです。

言い換えると、我々は思考する枠を無意識的に制限しているが故に、意図せず自らの考えや行動を極端に狭めているということです。考えること自体（理性）を批判的に考えてみようというテーマを打ち出しているのがカントの『純粋理性批判』という本なのです。

カントは、理性を行使する方法は2種類あると述べました。1つ目が、「構成的な原理」に基づいて行使するというもの。そして、2つ目が「統制的な原理」に基づいて行使するというものです。

カントがどちらを重視しているかというと、もちろん「構成的な原理」自体を否定しているわけではありませんが、「統制的な原理」に基づいて理性を行使することです。

ここで本題との関連を示すと、「構成的な原理」で物事を考えることに偏ると「やりたいこと」が見つからなくなったり達成しても虚無感を感じたりする一方で、「統制的な原理」

に基づいた理性の行使を試みることができれば、「やりたいこと」が見えてくるというのが私の考えです。

では、「構成的な原理」と「統制的な原理」がどういうものなのかを見ていきましょう。

まず、「構成的な原理」ですが、これは〈客体が《何であるか》を語ることができる〉ものとカントは述べます。

たとえば、「経営者になりたい」という場合、「経営者とは何か＝起業する者」と考えることができます。確かにこの原理は非常にわかりやすいという利点を持っています。

しかしその反面、「やりたいこと」が現状の延長線上に留まり、最終的には自分が「つまらない」と感じるものしか生み出せなくなるという問題点が生じるのです。

たとえば、「起業して何をするの？」といわれたら言葉に窮する人をよく見かけますが、まさにこれは「構成的な原理」で考えていることが理由なのです。

「やりたいこと」をカント風に考えてみる

一方で、「統制的な原理」は「構成的な原理」とは正反対になります。

「統制的な原理」は、「それが何か」というアプローチではなく、ある目標なり目的なりという事柄から、「〇〇を実現するには△△をする必要がある」と、自分がすることを遡って考えていくことで、現在の思考へと至る方法です。小難しいと感じると思いますが、このメカニズムを著書の中でカントは背進的（後ろに遡る）な総合といういい方で説明をします。

わたしは〈条件づけるもの〉を遡る系列、すなわち与えられた現象から初めて、その最も近い条件を求め、次々に遠い条件にまで遡ってゆく系列の総合を背進的な総合と呼ぶことにしよう。

これこそ「やりたいこと」が見つからない人にとって必要な思考法だと私は考えています。つまり、ある壮大な理念を持ち、それを実現するためにどうするかを幾度となく思考し、そのために何をするか遡るのです。

例を挙げましょう。カントの著書に『永遠平和のために』という本があります。この本は「永遠平和」はいかにして達成されるのかについて書かれていますが、この言葉を聞いてどういうふうに思うでしょうか。

多くの人が「そんなことは達成されない。非現実的なことを打ち出してバカなのか？」と考えるのではないでしょうか。

しかし、「統制的な原理」に基づいて物事を考えると、そのようには考えません。確かにカント自身も、それが実現されることは極めて少ないことだとわかっていました。しかし、「実現可能性」はこの原理に基づけば、問題にはならないのです。

「どうすれば永遠平和は叶うのか」を本気で考えるのです。そして今何をすべきか遡るのです。そうすることで、「どうせ永遠平和なんて無理だから」と考える人とは異なり、これまでにない新しい展開をもたらす可能性を高めるのです。

1つだけ例を挙げます。

カントは〈いかなる国家も、他国との戦争において、将来の平和時における相互間の信頼を不可能にしてしまうような行為をしてはならない〉（カント著、中山元訳『永遠平和のために　啓蒙とは何か』光文社古典新訳文庫）という条項を打ち出しています。

これを統制的原理に基づき行動すると、1つの考えとして権力を縛る「憲法」に永久に戦闘を放棄する条文を入れようといった発想が生まれてきます。

そして、その九条に基づき背進的に考えると、「集団的自衛権を認めない」とする歴代の政府見解にたどりつくことができます。

「やりたいこと」は今自分ができることや、できそうなことからは見えてこない

結論として、「『やりたいこと』を社会を起点に考えてみるのがいいのではないか」というのが私が伝えたかったことです。

「お金を稼ぎたい」「起業したい」「MBAをとりたい」はすべて自分を起点にした考えです。こういう考え方を推奨する自己啓発書もあるようですが、自分を起点にして見つけた「やりたいこと」は達成しても、虚無感が残るだけです。MBAが何かを知り、MBAを取得したからといって何かが生まれるわけではありません。

一方で、たとえば、「誰もが孤独を感じることがない世の中をつくりたい」といった社会を起点に考えると、「やりたいこと」というのは溢れ出てきます。カントが述べたような統制的原理に基づく背進的総合に着手してみれば、地域コミュニティを盛り上げることも1つでしょうし、新規にクラブチームをつくってみることも1つです。それで起業するのも1つでしょう。無限に「やりたいこと」が思いつくのです。

もちろんこれは一例です。しかし、この例を通してお伝えしたいのは社会を起点に理念

を掲げ、「やりたいこと」を考えてみることが非常に重要だということです。そうすることで、多くの「やりたいこと」が見つかるだけではなく、自分がこれまで思いもしなかった考えや行動をとることができるようになるのです。

もちろん、「社会を起点に考える」というのは簡単ですが、実際に行動に移すには非常に難しいことだと私は思います。一朝一夕にはできないことです。そもそもその理念が実現不可能ということもあります。しかし、この高尚な理想無くして「新たな一歩」は踏み出せません。

窮地に追い込まれた会社が、その窮地をいかにして乗り越えたかといったテレビ番組やニュース記事が数多くあります。その窮地を乗り越えるために後押ししてくれた革新的なサービスや商品の誕生秘話は多くの人を感動へと誘うものです。私自身ああいう話が好きでよく調べたりしています。

ところで、こういう話には必ずといっていいほど、「企業理念に立ち返る」というシーンがあるものです。

「自分たちの会社は何をするために存在しているのか」や「自分たちは何ができるのか」ということを考えるためにです。

この流れは、まさにカントの「統制的な原理」に基づいた思考ではないでしょうか。企業理念に掲げられた高い目標を改めて確認することで、これまでの限界を突破していくという話なのですが、これは企業だけでなく我々個人にも当てはまると思います。

自分自身の人生に行き詰まりを感じているのであれば、今こそ自分が一番大事にしてきた価値観に立ち返ってみるのがいいでしょう。

もしそれが定まっていないのなら、それを考えることからはじめてみるというのも良いのかもしれません。いずれにせよ、まずは社会を観察してみることからはじめるべきだと思います。

title: 47

我々はなぜ存在しているのか？

J-P・サルトル著、伊吹武彦訳『**実存主義とは何か**』人文書院、1996年

「自分はなんのために存在しているのだろう」

こんなむなしさを感じる瞬間が人生においては幾度となくあるものです。

「いや、ねえから」と言われると、それを一般化して考えている私が恥ずかしいわけですが、たとえば、自分が死ぬほど努力してできるようになったことをさらっと周囲の人々がこなしたときなんかにはよく思うものです。いわゆる、このような自己肯定感が著しく低下するときに、人間は自分の存在意義を問い直します。

では一体どうすれば、この苦しみから解放されるのでしょうか。

悩む我々に1つの答えを与えてくれるのが、ジャン＝ポール・サルトルの『実存主義と

は何か』です。

第二次大戦後の退廃的空気が漂う当時の世界で刊行されるや否や数百万部を売り上げる大ベストセラーになった1冊です。

なぜ当時ここまで売れたのかというと、荒廃した社会に生きる我々に1つの道しるべを与えたからだといわれています。本書を読むことで、戦争のときほどまでとはいわないにしても、自分の生きる目的が失われたときにどう考えればいいのかという問いへのヒントが得られます。

サルトルの語る我々が存在する理由

サルトルの語る「われわれの存在意義とは何か」への答えを見ていきましょう。

サルトルは次の言葉で答えます。


実存は本質に先立つ。

この言葉は、人間が〈まず先に実存し、世界内で出会われ、世界内に不意に姿をあらわ

し、その後で定義されるものだ〉ということを意図する言葉です。要するに、我々は何の理由もなく、まず存在しているとサルトルはいうわけです。

これをより理解するために、サルトルはペーパーナイフの例を出します。ペーパーナイフの場合、これが何に役立つのかも知らずに構想され、製造されることはありません。それゆえ、「本質」(何のためにこれを使うかなど)は、「実存」に先立つのです。要するに、ペーパーナイフの性質はある目的や意図のもとに確立されるのです。もちろん、これはペーパーナイフに限ったことではなく、多くの物はそれが「なんのために存在するのか」という問いへの答えがまずあって誕生します。

これと比較して人間の場合はどうでしょうか。サルトルがいうには、人間の場合は、ペーパーナイフのように用途が先に存在することはないというのです。このことを端的にいい表したのが、有名な「実存は本質に先立つ」なのです。

サルトル思想の独自性

では、この彼の思想のポイントは何でしょうか。2つのポイントがあります。

1つ目は、徹底した無神論であることです。

実存主義とは、一貫した無神論的立場からあらゆる結果を引き出すための努力に他ならない。

つまり、神ではなく人間が自分から何か行動を起こすことを第一とします。多くの思想や哲学が神の議論を持ち出した中でこのスタンスは独特です。

ここである疑問がわきます。なぜ彼は神の存在は関係ないと考えたのかということです。これが2つ目のポイントなのですが、結局のところ、我々は自らの責任と判断で行動するしかないという結論に至るからです。

サルトルには、〈実存は本質に先立つ〉の他にもう1つ名言があります。

人間は自由という刑に処せられている。

これは人間が行動選択において、「自由」という形で常に何が正しいのかをその場その場で臨機応変に考え、判断することを強制されていることを意図して述べたものです。

この考えは、道徳を重んじる人には受け入れ難いものでしょう。しかし、道徳というのはあくまで我々に「～せよ」「～するな」ということを教えてくれるものなのです。実際、そのことについて〈道徳に呼びかけても、そこにどんな種類の指示も発見できなかった〉と彼は述べます。つまり、道徳は具体的に自分がどういう行動をすればいいのかは教えてくれない、ということです。

悲観的か楽観的か

まとめると、まず、サルトルは我々の存在の意味について、存在に先立って意味を与えてくれるものはないという回答を与えました。そしてその上で、我々が「自由」の下、正解のない中で判断の連続を行わねばならないことを述べたのです。

「我々にあらかじめ与えられた存在理由はないのだから好きに生きていいよ」といわれると、うれしい反面、我々を不安にさせます。なぜなら、「こうすればいい」という安心がどこにもないからです。

しかし、サルトル自身は〈実存主義は楽観論であり、行動の教義である〉と自負していました。それは彼の〈人間は自分を作っていくものである〉という言葉に表れています。

実際のところ彼自体も不安を煽るためではなく、〈はじめからできあがっているのでなく、自分の道徳を選びながら自分を作っていく〉ことを意図してこの言葉を述べました。こういうサルトルの考えを見ていくと、確かに楽観的な気持ちになれる部分が出てきます。神や社会的状況ではなく、自分で自分の人生を選ぶことができる自由があるからです。

さらに、〈実存は本質に先立つ〉という考えに立つと、あらゆる意味づけを排除できますので、差別をはじめとする他者に対する不寛容もなくなります。なぜなら、実存主義的立場をとるならば、いかなる存在に出会おうとも、その存在が存在することに嫌悪感を持ち合わせることがないからです。

「なぜお前は存在するのか」に対して、「そんなことを考える前に存在するんだよ」で終わりなんです。

もちろん繰り返し述べたように、実存主義という立場は大いに不安を伴います。しかし、サルトルは〈不安とは、行動の障害であるどころか、行動の条件であり、われわれの苦悩と偉大とを成す〉と語りかけます。

これは不安を抱える今の我々の状態が、「自由」であることを意味するのであり、存在意義を自らの手で組み立てられることを喜ぼうというメッセージなのです。

title: 48

我々が憂鬱になる理由とは何か？

オルテガ・イ・ガセット著、神吉敬三訳『大衆の反逆』ちくま学芸文庫、1995年

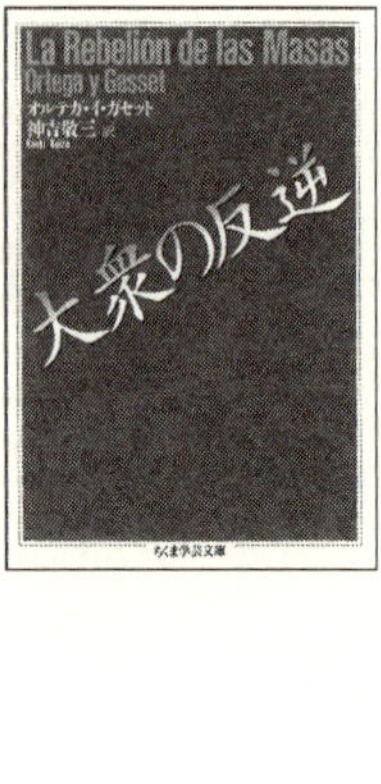

近年、将来に対する不安からなのか、それとも現在の境遇に対するやるせなさなのか、多くの日本人が憂鬱な毎日を過ごしています。

たとえば、内閣府の平成26年の調査では、自身の将来について、不安を感じるか聞いたところ、「不安を感じる」割合が69・0％（「不安を感じる」29・2％＋「どちらかといえば不安を感じる」39・8％）に達しています。不安を感じない人のほうがむしろ少数派であることが示されています。

こういった感情が沸き立つ背景にはさまざまな理由があるでしょう。日本では、年金制度の破たん、大企業の赤字決算、所得格差の拡大など、これまでにないほど多くの不安要

素を抱えています。我々を憂鬱にさせるものにはきりがありません。

一方、そうした角度とは異なる視点で、我々を憂鬱にする理由について指摘している本が、オルテガ・イ・ガセットの『大衆の反逆』です。

オルテガは20世紀後半に生まれ、二度の世界大戦や世界恐慌など騒然とした環境の中を生きた哲学者です。彼の時代は今以上に政治的にも経済的にも憂鬱にさせる時代でした。しかし、彼はそういった悲劇的な時代にあっても、個別の事件に注目するのではなく、大きな歴史の流れを見ることを重視しました。

具体的に、オルテガは「近代」という数百年の歴史を一括りに、我々に憂鬱さをもたらしていると考えていました。彼自体はこの近代という大きな枠で見ていくことで、憂鬱さを解き放ち、より根本的な生き方の転換がもたらされると考えていたようです。

では、オルテガの思想を読み解きながら我々の憂鬱さの正体について考えてみましょう。

我々を憂鬱にさせるもの

オルテガが語る我々の憂鬱の正体を端的にいうと、人生を自己のためにのみ使用することが可能となった点に起源があるというのです。なぜならば、自らの人生を自分の思いどおりにできることは、どのようにしてそれを使用するのかについて自らが判断しなければならないからです。

もちろん、オルテガは、自分の人生を自分のために使うことが悪いとはいっていません。彼は、個人の自由への障壁を緩和することについて、むしろ肯定的に捉えています。

その一方で、「自らの生命を自己のためにのみ使う」、言い換えれば、自分の人生を自分のためだけに使うことの否定的な側面に向き合う必要性を主張したのです。

彼は「生きること」について次のように述べています。

> 生きるということは、一方においては、各人が自分で自分のために為すことである。しかし他方においては、その私の生、私だけにとって重要な生が、もし私がそれを何かに捧げているのでなければ、緊張も「形」も失い弛緩してしまうのである。

つまり、自分の生を自分のために使うことは許されるべきだが、一方で何か献身することのできる対象がなければ、〈迷宮の中に迷い込み消えてゆくという恐るべき〉帰結をもたらすのです。このことから、「人生とは自分のために生きるのが正しい」という流行フレーズは、オルテガの憂慮する状態を表すキャッチコピーといえるかもしれません。

我々を自らの生に向かわせた背景

なぜ我々は自らの生についてしか関心を持たなくなったのか。その背景には自由主義的デモクラシーと技術という2つのキーワードがあります。

> 私は、先に19世紀によって扶植された自由主義的デモクラシーと技術という二つの特徴に絞ったのである。

この2つの概念を紐解くことで、問いの正体を見つけられるのです。

まずは、自由主義的デモクラシーです。この言葉は、多くの政治闘争を経て19世紀頃に獲得された「個人の自由」と「平等」を最大限尊重する価値観を指します。

たとえば、フランス革命では、身分制度を取っ払い、すべての人間を同じ「1人の人間」として扱おうという思想が生まれました。これを自由主義的デモクラシーとオルテガはいっています。

「自分は他者と似たような存在である」という意識を持った新人類を、オルテガは「大衆」と呼びました。

> 大衆とは善い意味でも悪い意味でも、自分自身に特殊な価値を認めようとはせず、自分は「すべての人」と同じであると感じ、そのことに苦痛を覚えるどころか、他の人々と同一であると感ずることに喜びを見出しているすべての人のことである。

この「大衆」という言葉は、多くの人をバカにしているという印象を与えかねません。ただし、オルテガは正反対の考えを持っています。

> 私は大衆人が馬鹿だと言っているのではない。それどころか、今日の大衆人は、過去のいかなる時代の大衆人よりも利口であり、多くの知的能力を持っている。

オルテガは、19世紀以降の支配的人間層を新人類と考え、それに「大衆」という言葉をつけただけです。このような自由主義的な考え方が、自らの生にのみ関心を向けさせる大きな要因となったのです。

次に、「技術」です。こちらも「自らの生にのみ関心を持たせる」潮流をつくったとオルテガはいうのです。「技術」自体が人間をそうさせたという記述もありますが、「技術」の発展に伴って生まれた「専門主義」を特に問題視しています。

文明が彼を専門家に仕上げたとき、彼を自己の限界内に閉じこもりそこで慢心する人間にしてしまったのである。

技術の発展によって特定の分野の専門家となり、自分の専門分野以外は無知であることを当然とするようになったということです。

これは明らかにそれまでの時代と異なります。〈かつては人間は単純に、知識のある者と無知なる者、多少とも知識がある者とどちらかといえば無知なる者の二種類に分けることができた〉わけですが、そのいずれにも属さない人が生まれたのです。

特定の分野に属する人とは、〈自分の専門領域に属さないことは一切全く知らないのだから、知者であるとはいえない〉わけですが、〈かといって無知者でもない〉のです。なぜなら、〈彼の領域である宇宙の小部分はよく知っているから〉です。

この専門主義についての問題意識は、「専門家」でない我々にも当てはまります。自分たちの職業に関連のないことには無知であるのは当然で、興味を持つ必要も感じないという人がかなりいるのではないでしょうか。

憂鬱な我々はいかなる行動をとるべきか

ここまで、個人の憂鬱さの正体と生との関連について見てきました。では、このような個人はどのように生きるのでしょうか。

オルテガは典型的な2つのパターンを挙げます。

1つ目が、〈偽りの自分をつくり上げる〉ことです。

2つ目が、〈軽率にも自分を偽装し、真の内的衝動が要求するものとは違う偽りの仕事に没頭し、今日はこれ、明日はそれとは逆のあれというふうに渡り歩く〉ことです。

いずれも自己とだけ対峙するものです。自分の歩く道がわからないときに、自らをごまかしつつ乗り切ろうとするのは誰しも心当たりがあるのではないでしょうか。

近頃「年収1000万円！」「自分で稼げる人間になる！」と叫ぶ人が現れ、さらにそれに羨望の眼差しを向ける人がいます。この事例はまさに自己欺瞞と合致するものです。何をすべきかが社会で見当たらないがゆえに、場当たり的に自己自身を満足させようとするのです。

我々に希望はあるのか

そういった中で、オルテガは我々に「自由」の概念の見直しを迫ります。「自由」の際限なき追求は、幸福どころか不幸につながることを考えよというのです。そして、「不自由」かもしれないが、自らの生を賭けられる何かを見つけることが憂鬱さから逃れる唯一の手段だというのです。

この対象は別に壮大なものである必要はありません。どんな些細なものであってもいいのです。ただ、自らの生を賭けてでも何か行いたいことを持っているかどうかが重要とされています。

> 人間の生は、その本質上、何かに賭けられていなければならない。その何かは輝かしい事業である場合もあり、慎ましやかな事業である場合もあろうし、また高貴な

――運命である場合もあり、平凡な運命である場合もあろう。――

自分が為すべきことを発見するというのが唯一の希望です。その希望が見えないうちは永遠に自らのうちに引きこもるしかありません。

そのような生き方も1つではありますが、憂鬱な感情は消えるどころか際限なく拡大するだけでしょう。

title: 49 絶望とは何か？

セーレン・キルケゴール著、枡田啓三郎訳『**死にいたる病**』ちくま学芸文庫、1996年

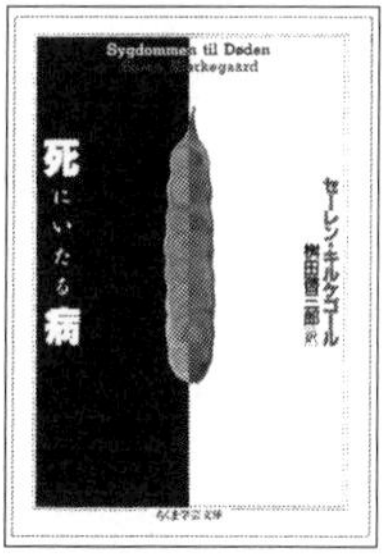

生きる中で、ふと絶望感に襲われたことはありませんか。そのタイミングはもちろん人それぞれですが、なんともいえぬ絶望感に襲われることは人間誰しもあるのではないでしょうか。

たとえば、私は日曜の夜21時くらいになると明日から馬車馬のように働くことをイメージしてよく絶望しています。そして、「日曜日」という概念にしがみつき夜更かししてしまい朝起きるのがしんどくなるというふうにさらに絶望を深めることをしてしまいます。

こういった不幸を引き金に愚かなことをしてしまい、さらに絶望感を深めるという負のサイクルに陥った経験が多くの人たちにあるはずです。「うまくいかねえことばかりだな」

という具合に、一度「絶望」を抱くとそう簡単には抜け出せません。

この得体の知れない「絶望」を知るカギがセーレン・キルケゴールの『死にいたる病』です。「死にいたる病」とは「絶望」のことです。本書が「絶望」に対してどのように対処すればいいのかを考えるきっかけとなるかもしれません。

「絶望」とは何か

「絶望」に襲われたときに、まずしなければならないことがあります。それは「絶望」とは何かを考えることです。何の病気か突き止めた上で薬を処方しなければ危険なのと同じです。

まず、キルケゴールが「絶望」をいかなるものと考えていたのか。キルケゴールは「絶望」の正体を次のように述べます。

> 絶望するものは、何事かについて絶望する。一瞬そう見える。しかし（中略）絶望するものが何事かについて絶望したというのは、実は自己自身について絶望したのであって、そこで、彼は自己自身から抜け出ようと欲しているのである。

ここからわかるのは「絶望」というものは原因となる出来事自体（「女の子に振られた」や「受験に落ちた」など）に対するものではないということです。「絶望」はそういう状況にある「自己自身」に対してするものだというのです。

つまり、キルケゴールにとって「絶望」というものは1種類しかないのです。だからこそ、キルケゴールは「絶望」のはじまりを、自己を放棄して〈抜け出ようと欲している〉状態に見いだします。

ただ、（いろいろとややこしいですが）この「自己を抜け出そうとしている」時点ではまだ完全な「絶望」ではありません。彼のいう「絶望」は「自己が自己自身でない」状態に完全になるときに現出するものなのです。具体的なことをキルケゴールは書いていませんが、私なりに解釈すると、自らが生きている意味を感じられるような目標を見失い、ただただ流されるままに惰性で生きているといったイメージが近いでしょうか。

では、自己が自己自身で完全になくなる原因はどこにあるのでしょうか。これについて彼は神との関係性を失うタイミングにその原因を見いだします。

というのは、自己は、まさに絶望したというそのことによって、自己自身を透明に神のうちに基礎づける場合にのみ、健康であり、絶望から解放されているのだからである。

キルケゴールが何をいいたいのかというと、「神」の存在に対して疑いを差し挟む時代の前は、「神」がいかにして我々に生きるべきかという「意味」を用意してくれていました。具体的にいえば、聖書だったり口頭伝承だったりするのですが、いずれにしても人々は「神」の啓示により、あるべき自己の姿が見えていたのです（この啓示する姿が正しいか否かはひとまず置いておく）。しかし、指針を失った我々は、暗がりに放り出されたような状態になったのです。

「絶望」の時代の流れは止まらない

ここで、彼の思想が生まれた時代背景に触れたいと思います。

近代以降、ほぼすべての人が批判的に考える習慣をつけて「疑うこと」を学びました。そして、その懐疑によってこれまでの不合理なものを打ち崩し、科学の発展を促す流れができました。また、この懐疑によって階級社会も崩壊し、多くの人々が「平等」になりました。これにより人々の中で「神」というものは信ずるに値しないものになりました。

つまり、懐疑は「信仰」を軽んじるようにしたのです。しかし、このような方向に皆が向かうことは危険だとキルケゴールは見抜いていたようです。

さらに、この世代は、みずから水平化することを欲し、解放されて革命を起こすことを欲し、（中略）それがために、（中略）具体的な個人個人と全ての具体的な有機的機構とを排除してしまって、その代わりに人類というものを、人間と人間とのあいだの数的な平等性を、手に入れ（中略）、あの抽象的な無限性の広大な眺望に、束の間の愉悦を覚えるのだが、その時にこそ、仕事が始まる。個人個人が、めいめい別々に己自らを助けなければならないからである。

——セーレン・キルケゴール著、桝田啓三郎訳『現代の批判』岩波文庫

非常に難解で、繰り返し読んで咀嚼しないと腑に落ちません。しかし、簡単に解説しましょう。

人類は、これまでの伝統権威から解放され、周囲のあらゆる人々と同質的であろうと望み、それを実行しました。しかし、それが達成されるときに仕事は終わりではありませんでした。むしろ個々人が自らの手で無個性の世界観から自らを救うという極めて重要な仕事がはじまったのです。

しかし、水平化という名の無個性の世界から自らを救うことは、この時代にあっては極めて困難でした。なぜなら、無個性化を後押しする強力なものが生まれたからです。

このような人々の間の水平化という流れを後押ししたものとして新聞などのメディアをキルケゴールは挙げます。メディアはこれまでとは比較にならないほど多くの人に情報を届けることを可能にしました。この「新聞」というメディアの登場により、人々の価値観は崩壊させられ、均質化し、一定の価値観に移行させたのです。

新聞という抽象物は（中略）時代の情熱喪失症および反省病と結託して、あの抽象物の幻影を、水平化の張本である公衆を、産み出すのである。

――キルケゴール著、桝田啓三郎訳『死にいたる病　現代の批判』中公クラシックス

この均質化した価値観こそが、キルケゴールのいう「絶望」につながるのです。

自己自身であり続けるためには

では、キルケゴールは自己自身であり続けるためにはどうすべきだと考えたのでしょうか。

それは神との関係性を回復させることにありました。具体的には、主体性を持った「信仰」を彼は挙げます。これを持たない人には〈自己を確実な破滅から救い出すことのできるための信仰の可能性が、俗物根性には欠けているのである〉と彼はいいます。

おそらく、「おいおい。結局、このおっさんはただ現世に絶望して宗教に走ったあと、俺らに宗教やることを勧めているだけじゃん」という意見や批判は出てくるでしょう。

確かに、キルケゴールの「信仰」は最終的にはキリスト教への回帰を示唆しています。

しかし、この本からもう少し深い意味が読みとれます。なぜならば、単に宗教に誘うだけの内容であれば、「聖書読めよな」という数ページくらいの本で事足りるからです。

そうではなく、彼がこの作品内で行う回りくどい言い回しや反復に見られる葛藤にこそ、我々へのメッセージが隠れているのです。ここが『死に至る病』の読みどころです。

彼が多方面から自己自身であるため（神との関係性を保つため）にどうすべきかを書いています。その理由は、彼自身が「懐疑」を頂点とする考えに囚われていたからです。

実は、彼自身が「絶望」から逃れるために必死だったのです。一言でいえばいいことを一言でいわないのにはそれなりの意味があります。その時代の支配的な思想に取り憑かれていたことに彼は言及しているのです。その立ち向かう姿から学ぶところがあります。

もちろん、ハンナ・アーレントが指摘するように、キルケゴールは懐疑の中で信仰を再構築することに最終的には失敗します。

近代の攻撃から信仰を救おうとするキルケゴールの試みは、宗教さえも近代化した。
――ハンナ・アーレント著、佐藤和夫編『カール・マルクスと西欧政治思想の伝統』大月書店

つまり、宗教という行為に持ち込んではいけない懐疑と不信を宗教に持ち込んだのです。

これが意味するのは、〈キルケゴールが、人間は自分の理性と感覚の真理受容能力を信ずることはできないという仮説に基づいて、伝統的信仰を再興しようとしたとき〉（前掲書）伝統的信仰の終焉にとどめを刺すことになったのです。

なぜなら、ある真理を受容しうるのは他でもなく理性と感覚だからです。それにもかかわらず、それが信ずるに足りないと考えるのは自殺行為だということです。

しかしながら、自滅したとはいえキルケゴールの志は無駄ではありません。

彼は体を張って自己自身であるため（神との関係性を取り戻すため）には相当な努力が求められることを伝えたのです。

確かに、それをどのようにするのかについてまだ答えは出ていません。ただ、各々がその答えを考えなければいけないと我々に強く思わせてくれます。それだけでも思想史では重大な功績だといっていいでしょう。

これまでの思想では、カントやヘーゲルのように超越的な自己を想定していましたが、キルケゴールは現実的に自己自身と向き合ったのです。現代において言葉にしえぬ絶望を感じる人はこのキルケゴールから多くのことが学べるに違いありません。

title: 50 なぜ死にたくなるのか？

デュルケーム著、宮島喬訳『自殺論』中公文庫、２０１８年

「死にたい」

「生きる意味を感じない」

「毎日同じことの繰り返しで、生きることに疲れた」

このように考えて本当に死に至る人が一定数います。

日本は、「自殺大国」と呼ばれるほど、毎年多くの人が自ら命を断っています。

２０１７年の日本経済新聞によると、政府の17年版自殺対策白書では日本の自殺死亡率が諸外国と比較して6番目であると報告しています。若年層に限れば、自殺での死亡率が事故死を上回ったのは先進7カ国のうち日本だけだという結果もあります。

メディアでもよく報じられるなど、自殺は日本にとって根深い問題です。

では、なぜここまで多くの人が「死にたい」と考えるのでしょうか。生活に困る人が多いからなのでしょうか。仮にそうだとすると、日本より経済的に貧しい国はどうなのでしょうか。アフリカなどの国で自殺率が日本の数倍くらい高くないとおかしいでしょう。しかし、実際、自殺は日本のような比較的豊かな国でよく起きているのです。

「自殺」を考えるための有益な本として、エミール・デュルケームの『自殺論』があります。「なぜ死にたくなるのか」について斬新な角度から論じた書籍です。この本の面白さは、アプローチ法にあります。「物事の視点を変える」ことを学ぶ教材としてもおすすめです。

自殺の原因への誤解

まず、一般的に認識されている自殺の理由が事実と異なるというデュルケームの指摘から見ていきます。

デュルケームによれば、我々は自殺の原因を個人的な要因のみで理解しようとする傾向があります。「個人的な要因のみで理解しようとする」とは、たとえば「仕事がつらいから自殺した」や「お金に困っていたから自殺した」と説明することです。

この説明を聞いて、「当然だ」と思う方が多いかもしれません。しかし、このような形で自殺の原因を理解するのは、本質を捉え損ねていると彼は考えています。

たとえば、我々は経済的に困窮すると自殺しやすくなると考えがちです。しかし実際、〈人が最も容易に生を放棄するのは、（中略）生活に最も余裕のある階級においてである〉という一般的なイメージと異なる資料を提示するのです。

それでも、多くの人が自殺の原因を個人的な要因に求めます。遺書を残して自殺をする人などはまさにそれに該当します。デュルケームも自殺の原因を〈それらの外部的な出来事に求めず、むしろ本人の内在的な性質、すなわち本人の生物学的構造およびその基礎をなす物理的な付随現象に求め〉ている現状を認識しています。

では、なぜデュルケームは自殺の原因を内在的性質に求めることを批判するのでしょうか。

その理由はいくつかあるのですが一例だけ取り上げます。さまざまな国の自殺に関するデータを見ると、継続して一定数の自殺が発生していることをデュルケームは指摘します。このデータがなぜ大事なのかというと、もし個人的要因だけならもっと統計データの上下が激しいはずです。

毎年自殺が発生しているばかりでなく、一般的原則として、前年とほとんど同数の自殺が毎年発生しているのだ。人々を自殺へ駆り立てる精神的状態は、純粋に単純に伝達されていくのではなく、なお一層注目すべきことには、それが、行為に移されるための必要条件の元に置かれている等しい数の人間に伝えられていくということである。

ここで彼が少々回りくどく述べているのは、自殺者数が毎年一定数いるということは、「自殺をしたくなるという条件付けに当てはまるような人間」を、一定数生み出す社会構造があるのではないかということです。

つまり、この文章から、個人的要因以上に我々を自殺に追い込む社会的要因があるのではないかと考えることがいかに重要なのかを、デュルケームは伝えているのです。

自殺の真の原因

このように、社会が個人を突き動かしているという発想は、「社会学的アプローチ」と呼ばれます。マックス・ヴェーバーが有名ですが、デュルケームもその重鎮の1人です。

ただ、この考え方は一般の人には馴染みが薄いかもしれません。

なぜなら、〈まず何よりも、社会が個人だけから成り立っているとする〉考え方が根強いからです。しかし、先の例で示したように多少の上下はありながらも毎年一定数の自殺者がいることを鑑《かんが》みれば、個人の死への願望だけで自殺のすべてを説明することは不可能です。

〈毎年毎年の一握りの自殺者は、別に自然の集団を形成しているわけでもなく、また互いに意思の疎通があるわけでもない〉のであり、〈自殺数のあの恒常性は、個人を支配し、個人よりも永続する同じ原因作用に基づいているという他ない〉のです。

では、デュルケームは自殺の原因を何に求めているのでしょうか。

端的にいえば、〈その病弊を防ぐには、社会集団を十分強固にして、個人をもっとしっかりと掌握できるようにするとともに、個人自身も集団に結びつくようにさせること以外に方法はない〉といいます。〈時間的に個人に先んじて存在し、個人よりも永続し、あらゆる面で個人を超えているような集合的存在に、個人は一層連帯を感じなければならない〉というのです。

実際、デュルケームは別の箇所で都市部のように共同体の結束が弱い地域ほど、自殺率が一定していると主張します。

社会を構成している個人は年々替わっていく。にもかかわらず、社会そのものが変化しない限り、自殺者の数は変わらない。パリの人口は猛烈な勢いで流動しているが、それでもフランス全体の自殺にパリの自殺の占める割合はかなり一定している。

彼の主張の核心はここでも述べられています。それは、個々人に向き合っているだけでは不十分で、自殺を慢性的に引き起こす社会的構造に着目すべきだということです。具体的に、自殺を慢性的に引き起こす構造とは、「個人主義が吹聴される」社会です。個人主義というイデオロギーについて、デュルケームは次のように語ります。

人格の尊厳が行為の至高の目的となっていて、（中略）個人は、容易にみずからの内部に存在する人間を神とみなし、自己自身をみずからの崇拝の対象とするかたむきがある。

この考え方が自己本位主義を生み出す傾向があり、「自殺」という行動へ導きやすいのだとデュルケームは述べます。

逆に〈自己犠牲や没個人性がきびしく要求される特定の環境においては〉みずから生を捨てるということは起きにくいといいます。それは自分を超える何かがあり、自己本位的に生を捨てるという行動に結びつきにくいからです。

自殺を減らす方法

では、デュルケームが、自殺をマクロ的に減らすにはどうすべきだと考えていたか。デュルケームは「職業組合」にその活路を見いだしました。

一般的にコミュニティというと〈宗教社会、家族社会、政治社会など〉をイメージされるかもしれません。しかし、〈同種類の全ての労働者、あるいは同じ職能の全ての仲間が結びついて形成する商業集団ないしは同業組合〉の価値を再評価すべきだというのです。

では、なぜ宗教でも、家族でも、政治結社でもなく、職業組合に活路を見いだしたのでしょうか。

3つの理由を彼は挙げています。

常時存在していること、どこにでも存在していること、そしてその影響は生活の大部分の面に渡っていること。

この3つが〈他のあらゆる集団にもまして〉優れている点なのです。

今の時代の投票率の低さや無宗教の人の多さなどを見ると政治集団や宗教会合は多くの人にとって関心を引くものではありません。ただ、そういうものに無関心ではあっても仕事はしています。仕事の仲間から形成される職業組合に活路を見いだすことは理にかなっているわけです。

もちろん、「連帯」が「抑圧」になりがちな日本社会では、この意見に慎重になるべきです。たとえば、新入社員が宴会で裸踊りをさせられることによって正式に組織に迎え入れられる儀式となる様は見るに堪えません。しかし、職業組合により個人の自己本位的自殺を防止することが期待できるのであればそれは素晴らしいことです。

昨今では、「独りで生きられるようになりたい」という風潮があります。実際、それを裏付けるかのように、孤独になることを楽しめることが人生の成功につながるというテイストの本が書店に並ぶ現状は世相を表しているといっていいでしょう。

この「孤独」賛美というのは、実は単なる現状の追認でしかないものをさも自分が積極的に選んだかのように認識させる自己欺瞞でしかない可能性があるのです。しかし、この孤独をひたすらに正当化するという思考は人生にとって有意義なものといえるでしょうか。

デュルケームの著書を読んでいると、あるべき社会と正反対のようにも見えます。「幸福になりたい」と多くの人が願うのであれば、社会をバラバラの個人の集まりにする方向性にはむしろ懐疑的になるべきではないでしょうか。

あとがき　思考しない人生に意味はない

本書を読んで、どのような感想を抱かれたでしょうか。

もし少しでもここに紹介したもので興味を持っていただけたものがあれば非常にうれしく思います。

最後に1点だけ改めてお願いがあります。それはここで興味を持った書籍の原著を読んでもらいたいということです。

理由は2つあります。

1つ目は、私のような若輩者の「解説」に、異議が出ることが予想されるからです。それゆえに、記載した内容をもって「理解」した気になってほしくないのです。

続いて2つ目です。（こちらが本題ですが）じっくり時間をかけて読み、考える機会を増やしていただきたいからです。これは「お前らには思考力がねえから勉強しな」といったような趣旨ではありません。私が意図するのは、現代は幸か不幸か情報が大量に、待っていなくても流れてくる時代です。つまり、社会の構造の変化により、個々人の能力とは関係なく、主体的に時間をかけて考える作業をしにくくなっているということです。

少なくとも紙媒体が主流の時代までは、我々は情報を取りに行くにあたり、より強い主体性を要求されていました。なぜなら、それらが書籍であるにせよ新聞であるにせよ、「活字」で書かれたものだったからです。

おそらく多くの人に共感していただけるかと思いますが、「活字」は情報を得るために良くも悪くも多くの想像力や時間をかけた思考が必要とされます。これは、その後誕生した「テレビ」と比較をすると、よりイメージしやすくなるでしょう。「テレビ」が登場して以降、情報というものに対する我々の付き合い方は根本的に変わりました。情報は待っていなくても流れてくるのはもちろんですが、映像は短い時間で多くのことを語ってくれるので、自分の頭で思考する必要性が相対的に低くなったのです。

今はそのテレビの次ともいえるネットメディアが出てきました。このメディアは活字と映像の両輪を持ち合わせているものとして存在し、ユーザーに関わり方の決定権を委ねている、日々進化している現在進行系の新種のメディアです。ネット勃興《ぼっこう》期は技術的な問題で文字に依存したメディアでしたが、おそらく今後、映像への流れを強めていくことが予想されます。

そう考える理由は、我々が新聞よりもテレビを歓迎したことと同じく、何もしないで情報が入ってくるほうがインスタントで便利だと感じるからです。文字を追いかけてじっくり考えなければ得られない情報よりも、イヤホンをつけて寝ていれば入ってくる情報取得のほうが楽です。

しかし、そうした情報に依存することが望ましいことなのかというのが、ここでの問題提起になります。

話を戻すと、本書で紹介した思想書は、いずれも寝ながら鼻をほじっていれば理解できるような性質は持ち合わせていません。つまり、普通に生活していれば、目に留まらない可能性が大いにある情報の塊です。

私自身、いくつもの思想書を繰り返し5回ほど読むことで、やっと意図するところが理解できたものもたくさんありました。はっきりいえば、死ぬほどコスパが悪いのです。

しかし、これらの思想書の価値を、投入した時間に対して得られる最終情報量によって判断してほしくありません。そこに至るまでに思考を重ねたという「過程」に目を向けてほしいのです。

その重要性をご理解いただくためにおすすめなのが、ソクラテスという哲学者の生き方です。

彼は誰かに議論をふっかけては、何らかについて思考を深めるというスタイルを貫いた人物でした。興味深いのは、彼が常に議論の中で「答え」を出すことにこだわらなかった点です。むしろ、答えがわからなくなったね、とニタつくような変態でした。

即物的にいえば、ソクラテスという人物は尺を割いて議論をした挙げ句、出てきた意見に対して「それが答えとはいえないのではないか」と引っ掻き回す、「コスパの悪い人間」なのです。

しかし、プラトンが彼をそのように描写する中で伝えたかったことは、そろばん勘定では見えてきません。もっと別のところにあります。それは「思考」というものの正体についてです。

これは私の想像も含みますが、プラトンはソクラテスを通して、「思考」が何かあることに対して役立つかどうかは保証できないが、「思考」自体の意味を否定するときに、その人生は無意味なものとなると述べたかった可能性が高いのです。答えは出ないけど、議論を深めることっていいよね、と。

本書で取り上げた思想書も、また我々に答えを与えてくれるどころか、より一層疑問を深めるものばかりだったかもしれません。しかし、「だから意味がない」とするのではなく、ぜひともそれを歓迎してください。そうすることで人生をより面白くしてくれると、私は確信しています。

2019年7月

北畑 淳也

[は]

[ま]

［さ］

索引

本編末記載の参考文献

title : 02

米重克洋「産経新聞読者の安倍政権支持率は「72%」東京新聞読者は「14%」＝JX通信社 東京都内世論調査」2018年6月29日
https://news.yahoo.co.jp/byline/yoneshigekatsuhiro/20170620-00072316/〈2019年7月23日参照〉

title : 11

山口県教育委員会著『吉田松陰全集 第1巻』岩波書店、1939年

title : 12

産経デジタル「『パン屋→和菓子屋』などと文科省が書き換え指示？ 誤解が広がった理由とは…」2017年4月1日
https://www.sankei.com/life/news/170401/lif1704010068-n1.html〈2019年7月23日参照〉

title : 25

OECD「Self-employment rate」2018年
https://data.oecd.org/emp/self-employment-rate.htm〈2019年7月23日参照〉

title：27

大和総研「今を生きる「貯蓄ゼロ」世帯」２０１８年４月２日
https://www.dir.co.jp/report/research/capital-mkt/asset/20180402_020032.pdf〈２０１９年７月23日参照〉

title：24

国税庁「平成29年分民間給与実態統計調査結果について」２０１８年９月
https://www.nta.go.jp/information/release/kokuzeicho/2018/minkan/index.htm〈２０１９年７月23日参照〉

title：31

日本労働組合連合会　回答速報№11（全共闘連絡会議）［２０１９年６月７日掲載］
https://www.jtuc-rengo.or.jp/activity/roudou/shuntou/2019/yokyu_kaito/sokuho/kaito_no11.pdf〈２０１９年７月23日参照〉
ジョン・ロジャーズ・コモンズ著、宇仁宏幸、坂口明義、高橋真悟、北川亘太訳『制度経済学 中：政治経済学における その位置』ナカニシヤ出版、２０１９年
ジョン・ロジャーズ・コモンズ著、宇仁宏幸、北川亘太訳『制度経済学 下：政治経済学におけるその位置』ナカニシヤ出版、２０１９年

title：43

内閣府「我が国と諸外国の若者の意識に対する調査」２０１３年
https://www8.cao.go.jp/youth/kenkyu/thinking/h25/pdf/b2_1.pdf〈２０１９年７月23日参照〉
nifty ニュース「孤独についてのアンケート・ランキング」２０１８年11月16日
http://chosa.nifty.com/life/chosa_report_A20181116/6/?theme=A20181116&report=6&theme=A20181116&report=6〈２０１９年７月23日参照〉

title：44

総務省「ＳＮＳがスマホ利用の中心に」第１部　特集　データ主導経済と社会変革　２０１７年

http://www.soumu.go.jp/johotsusintokei/whitepaper/ja/h29/html/nc111130.html〈２０１９年７月23日参照〉

title：48

内閣府「人口　経済社会等の日本の将来像に関する世論調査」平成26年

https://survey.gov-online.go.jp/h26/h26-shourai/2-1.html〈２０１９年７月23日参照〉

title：50

日本経済新聞「日本の自殺率６位、若年層ほど深刻　政府が17年版白書」２０１７年５月30日

https://www.nikkei.com/article/DGXLASDG30H2W_Q7A530C1CR0000/〈２０１９年７月23日参照〉

北畑淳也（きたはたじゅんや）

1992年、奈良県生まれ。

大阪を拠点にしつつ住所不定で活動する思想家。大学卒業後1年目にして社会に絶望し、「馬車馬のように生きることが求められるおかしな世界」を理解するべく思索を開始。22歳からの2年間、ジャンルを問わずのべ600冊近くの書籍を濫読する中で、ビジネス・自己啓発書的考え方にこそ根本的な「何か」があると結論づける。その上で、自らを突き動かす社会的事象の一段深い理解を目指すため、社会科学的思考を身につける必要性を実感。現在は、そのためには「良書」に特化して読書をすべきという考えを発信しつつ、自身でも読書会を開催するなど、「良書」を手に取りやすくするための方法を模索中。

思想家としての見識を利用し、現代の各種問題を新たな切り口から読み解くことを目指したHP「悲痛社」の運営をしており、そのコンセプトは本処女作を貫く思想となっている。

悲痛社URL　http://hitsusya.com/

世界の思想書50冊から身近な疑問を解決する方法を探してみた
２０１９年8月20日　初版発行

著　者　北畑淳也
発行者　太田　宏
発行所　フォレスト出版株式会社
〒１６２-０８２４
東京都新宿区揚場町２-18白宝ビル５Ｆ
電　話　０３-５２２９-５７５０（営業）
　　　　０３-５２２９-５７５７（編集）
ＵＲＬ　http://www.forestpub.co.jp

印刷・製本　中央精版印刷株式会社

ISBN 978-4-86680-802-4　Printed in Japan